내 손안의 AI 보좌관

지방의회 의원을 위한
AI 활용 가이드북

내 손안의
AI 보좌관

지방의회 의원을 위한 AI 활용 가이드북

장상화 김의겸 지음

들어가며

하나같이 AI의 시대가 왔다고들 합니다. 하지만, 정작 AI와 친해지거나 활용하기를 주저하는 사람들이 의외로 많습니다. 기계와의 대화를 낯설어하는 경우도 있고, 스스로를 기계와 친하지 않다고 규정하고 아날로그에 멈춰 버리거나 '정보화시대'에 만족하는 경우도 있습니다. 그러나 지금은 '인공지능(AI) 시대'인 만큼, 그러한 만족은 시대착오적인 구태로 치부되고 말 것입니다. 또한 AI가 미래에 사람의 노동력을 대체하여 인간의 일자리를 빼앗을 것이라는 우려 등을 이유로 AI의 발전에 적대감을 보이기까지 합니다. 이것은 19세기 방직기가 인간의 일거리를 빼앗는다며 기계 파괴 폭동을 일으켰던 러다이트 운동을 떠올리게 합니다.

AI의 발전을 애써 외면한다고 쓰나미같이 밀려오는 AI의 발전을 막을 수 있을까요? 영화 〈터미네이터〉에 나오는, 기계가 인간의 삶을 파괴하는 미래에 대한 두려움이 우리 내면에는 내재되어 있습니다. 동시에 그 기술을 기어코 장악하려는 인간의 양가적 감정은 AI의 발전을 막을 수 없음을 역설하기도 합니다.

AI의 발전은 현실이 되었고, 스마트폰이 우리 일상을 크게 바꾸어 놓았던 것 이상으로 AI는 우리의 일상을 지배하는 것은 물론 인간사회 체계 전체를 크게 개편하게 될 것입니다. AI 발전의 뒤꽁무니를

허겁지겁 쫓아가느냐, 그것을 타고 새 시대를 질주하며, 새 세상을 선도하느냐의 선택이 우리 앞에 놓여 있을 뿐입니다.

정치인은 시대를 선도해야 합니다. 정치인이 시대 변화를 뒤쫓는 처지에 놓이게 되면 정책 개발이 늦어지고, 정부나 지자체 행정의 효율성과 생산성은 떨어지며, 결국 그만큼 국민의 삶이 힘들어집니다. AI 시대는 이미 성큼 다가왔는데 AI 기술의 발달과 함께 필요한 교육, 규제 등의 제도 마련이 미흡한 실정입니다. 우리의 청소년들이 딥페이크의 가해자이자 피해자가 되는 상황이 현재 진행 중이고, AI 기술을 활용한 피싱 범죄가 놀라울 정도로 늘어나고 있습니다.

그러나 이러한 문제적 상황이 사태의 본질은 아닙니다. 그러한 위험을 상쇄하고도 남을 만큼, AI는 정치인들에게도 무한한 가능성의 신세계를 예고하고 있습니다. 부정적인 요소를 차단하고 제거하는 것 못지않게, AI의 역량을 십분 활용하고, 그가 가진 가능성을 현실화하고, 정치인 스스로가 그 모범적인 활용 사례를 제시함으로써 시대를 선도하고 미래의 희망을 만들어 나가야 할 때입니다. 코로나19 팬데믹 시대에 우리는 '화상회의' 시스템이 순식간에 '뉴노멀'이 되는 현상을 목격하였습니다. 그리고 불과 3년 만에, AI가 우리 삶의 미래이면서 현재이고 뉴노멀이면서 노멀 그 자체인 시대를 살아가고 있습니다.

한편, 국회의원은 많은 보좌 인력의 도움을 받아 의정활동을 합니다. 반면 지방의원들은 (최근에 입법지원관 등 보좌 인력이 늘긴 했지만) 여전히 의원 혼자 짊어져야 할 업무들이 너무나 많습니다. 이것이 특히 지방의원들이 AI의 활용에 관심을 기울여야 할 이유입니다. 지방의원들이 의정활동에 AI를 적극 활용한다면, 의정활동의 질은 훨씬 향상될 것이고, 따라서 지자체의 행정 효율은 높아질 것이며, 그 혜택은 지자체나 국가 전체의 성장 발전을 가져와 궁극적으로 주민들께 돌아갈 것입니다.

2023년 초, AI 충격이 최초로 터져 나왔을 당시에 떠돌았던 유명한 SNS 문구로 이 책을 쓴 이유를 대신하고자 합니다.

"AI will not replace you. A person using AI will."(AI는 사람을 대체하지 않습니다. AI를 사용하는 사람이 그렇지 않은 사람을 대체할 것입니다.) ―Santiago (@svpino)

동양 최고(最古)의 정치철학서인 〈서경〉에서는 天無親 克敬惟親(천무친 극경유친)을 말했습니다. 이제 우리는 "AI는 여와 야, 진보와 보수를 가리지 않습니다. 국회와 지방의회도 가리지 않습니다. AI는 오직 그것을 활용하는 자와 친합니다."라고 말할 수 있습니다."

이 책을 준비하는 과정에서 여러 조언을 아끼지 않으셨던 김종민 의원님, 박원석·김현아 전 의원님, 지방정치발전소 이영숙 소장님께 진심으로 감사의 말씀을 드립니다.

2025년 5월
장상화, 김의겸

차례

들어가며 / 05

프롤로그 ··· 12

제1부 AI 활용 첫걸음 어디서부터 시작할까

제1장_ 다양한 AI 도구들 ······································· 18
    1절. 생성형 AI ··· 19
    2절. 이미지 생성 및 편집 AI ··································· 20
    3절. 동영상 생성, 작곡 AI ····································· 23
    4절. 그 밖의 AI 도구들 ·· 25

제2장_ 좋은 프롬프팅이 좋은 결과를 만든다 ················· 27
    1절. 왜 프롬프팅이 중요한가? ································ 28
    2절. 프롬프팅의 황금 법칙 5가지 ····························· 29
    3절. 주의할 점들 ·· 33
    4절. 실전 예제: 업무에 활용할 수 있는 프롬프팅 ············ 34
    5절. 커스터마이징(customizing), 나만의 AI 만들기 ·········· 37

제3장_ 가짜 정보, 할루시네이션 ······························ 41
    1절. 할루시네이션이란 무엇인가 ······························ 41
    2절. 할루시네이션을 피하는 법 ································ 45

내 손안의 AI 보좌관

제2부 내 손안의 AI 보좌관과 함께하는 슬기로운 의회 생활

제1장_ AI 활용으로 업그레이드된 의정활동 ──── 50
1절. 조례 제정 ·· 50
2절. 예산안·결산안 심의 ································ 62
3절. 행정사무감사 ·· 76
4절. 시정 질문, 5분 발언 ································· 82
5절. 정책 연구 ·· 88
6절. 회의록 작성 ·· 91
7절. PPT 제작 – 감마 AI ································· 95

제2장_ AI를 통한 효율적인 의정 홍보 ──── 100
1절. 민원 응대 ·· 100
2절. 보도자료 작성 ·· 106
3절. 인사말 작성 ·· 113
4절. 연설문 작성 ·· 117
5절. SNS 홍보 ··· 122
6절. 영상 제작 ·· 132

제3장_ AI와 함께 승리하는 선거 ──── 142
1절. 선거 전략 수립 ··· 142
2절. 선거 로고송 제작 – 수노 AI ···················· 147

제3부 AI, 아는 만큼 보인다

제1장_ AI의 개념과 작동 방식 ······················· 152
  1절. AI(인공지능)란 무엇인가? ····················· 152
  2절. AI의 핵심 개념 ···························· 155
  3절. 생성형 AI의 원리 ·························· 159
  4절. AI의 활용과 인간의 미래 ····················· 162

제2장_ AI 기술의 현재와 미래 ······················· 165
  1절. AI의 과거 ······························· 165
  2절. AI의 현재 ······························· 167
  3절. AI의 미래 – 어디까지 발전할 수 있을까? ········ 169

제3장_ AI 정책, 그리고 AI 윤리 ····················· 174
  1절. 인공지능기본법 ···························· 174
  2절. 인공지능 윤리 ····························· 177

[일러두기]

1. 이 책은 실용 중심의 매뉴얼입니다. 책만 읽지 마시고, 컴퓨터나 스마트폰을 켜고 AI 도구를 직접 실행해 보며 함께 읽기를 권장합니다.

2. 이 책은 실습과 활용 중심으로 구성되었습니다. 1부와 2부는 실무 적용에 초점을 맞추고, 3부는 개념과 원리를 다루므로 순서에 구애받지 않고 필요한 부분부터 읽으셔도 좋습니다.

3. 이 책은 지방의회 의원을 위한 책입니다. 의정활동 현장에서 바로 활용할 수 있도록, 조례, 예산, 민원, SNS 등 실전 사례를 중심으로 구성하였습니다.

4. 프롬프트 작성이 AI 활용의 핵심입니다. 원하는 결과를 얻기 위해서는 '질문을 잘하는 법'부터 익혀야 하며, 1부의 프롬프팅 원칙을 먼저 숙지하면 활용에 큰 도움이 됩니다.

5. AI는 보조 수단일 뿐입니다. AI가 제시한 정보는 반드시 사실 확인과 재검토를 거쳐 활용해 주세요. 최종 판단은 언제나 사람의 몫입니다.

6. AI는 오류를 범할 수 있습니다. 그럴듯한 가짜 정보(할루시네이션)를 제시할 수 있으므로, 중요한 정책이나 의정 자료에는 반드시 교차 검증이 필요합니다.

7. AI 도구는 빠르게 변합니다. 사용법이나 화면 구성, 메뉴 명칭은 수시로 바뀔 수 있으므로, 각 도구의 공식 홈페이지나 최신 안내를 함께 참고하시기 바랍니다.

8. 모든 AI 서비스가 무료는 아닙니다. 일부 기능은 유료이거나 제한적일 수 있으며, 계정 가입이나 결제가 필요한 경우도 있으므로 사용 전 이용약관을 확인해 주세요.

9. 프라이버시와 정보보호에 주의하세요. 주민 민원, 정책 자료 등 민감한 정보를 입력할 때는 보안과 책임 문제를 충분히 고려해 주세요.

프롤로그

장면 1.

김위너 의원의 하루: AI와 함께하는 지방의회 생활

아침 6시, 김위너 의원의 스마트폰 알람이 울린다. 눈을 뜨자마자 그는 음성 비서 앱에게 말을 건다.

"오늘 일정 알려줘."

"김위너 님, 오늘은 오전 10시 도시계획위원회 회의, 오후 2시 주민 간담회가 예정되어 있습니다. 현재 기온은 18도, 오후에 비 소식이 있습니다."

김위너는 침대에서 일어나 스마트폰으로 뉴스 요약 앱을 실행한다. AI가 분석한 지역 현안 뉴스와 그가 관심 설정해 둔 정책 관련 기사들이 중요도순으로 정리되어 있다. 특히 그린 모빌리티 사업 관련 기사가 눈에 띈다.

아침 식사를 하며 그는 태블릿으로 오늘 회의 자료를 살핀다. 클라우드 기반 문서 작성 도구에서 AI 요약 기능을 활용해 50페이지 분량의 회의 자료를 3페이지로 압축해서 본다.

"도시계획위원회 안건 중 그린 모빌리티 사업 관련 데이터 분석해 줘."

AI 분석 도구가 몇 초 만에 결과를 보여준다. 투자 대비 효과, 해외 사례, 예상 문제점이 그래프와 차트로 시각화되어 있다.

오전 9시, 김위너는 전기차에 오른다. 내비게이션 앱이 교통 상황을 분석해 최적의 경로를 안내한다. 이동하는 동안 그는 음성 녹음 앱에 회의 발언 초안을 구술한다.

"그린 모빌리티 사업 발표 내용 초안 작성해 줘."

AI 보조 작문 도구가 그의 음성을 텍스트로 변환하며 문장을 정리하고 논리적 구조를 잡아준다. 도착 전, 그는 완성된 발표문을 한 번 더 검토한다.

도시계획위원회 회의에서 김위너는 AI 프레젠테이션 도구를 활용한다. 실시간 자막 생성 기능이 그의 발언을 텍스트로 보여주고, 참석자들의 질문에 관련된 자료를 즉시 화면에 띄워준다.

"전기 자전거 인프라 확충 시 예상되는 교통량 감소 효과는 얼마인가요?"

김위너는 태블릿을 살짝 조작한다. AI 데이터 분석 도구가 즉시 관련 통계와 시뮬레이션 결과를 보여준다.

"분석 결과, 주요 출퇴근 시간대 차량 통행량이 약 12% 감소할 것으로 예상됩니다."

회의가 끝난 후, 김위너는 간단한 점심을 먹으며 지역구 민원 관리 앱을 확인한다. AI가 수백 개의 민원을 유형별로 분류하고 우선순위를 매겨 놓았다. 그는 시급해 보이는 도로 안전 문제에 관한 민원을 선택해 음성으로 답변을 녹음한다. AI 앱이 이를 정리된 메시지로 변환해 민원인에게 전송한다.

오후 2시, 주민 간담회가 시작된다. 김위너는 AI 회의 기록 도구를 실행해 둔다. 이 도구는 대화 내용을 실시간으로 텍스트화하고 주요 의견과 요청사항을 자동으로 분류한다.

"의원님, 우리 동네 횡단보도 신호등이 너무 짧아요. 어르신들이 건너기 힘들다고 합니다."

김위너는 태블릿으로 해당 지역 정보를 빠르게 검색한다. AI 지도 분석 도구가 주변 노인 인구 비율과 보행 속도 데이터를 보여준다.

"네, 확인해 보니 실제로 문제가 있네요. 내일 교통과에 조정 요청을 하겠습니다."

간담회 후 사무실로 돌아온 김위너는 AI 회의 요약 도구가 정리한 결과물을 검토한다. 주요 민원 20건이 유형별로 분류되어 있고, 각각에 대한 우선순위와 담당 부서가 추천되어 있다.

저녁 7시, 퇴근길에 김위너는 차량 내 음성 비서에게 지시한다.

"오늘 수집된 민원 중 교통안전 관련 건 교통과에 전달하는 공문 초안 작성해 줘."

집에 도착한 김위너는 스마트 TV로 AI 번역 기능을 활용해 해외 도시의 그린 모빌리티 정책 동영상을 시청한다. 영상 위에 실시간 한글 자막이 나타난다.

밤 10시, 침대에 누워 김위너는 마지막으로 일정 관리 앱을 확인한다.

"내일 일정 확인해 줘. 중요한 것 있어?"

"내일은 오전 9시 교육위원회, 오후 3시 예산 검토 회의가 있습니다. 교육위원회 전에 새 교육감과의 인사가 있으니 참고하세요."

불을 끄고 누운 김위너의 스마트폰에는 AI가 작성 중인 내일의 회의 자료와 분석 보고서가 계속 업데이트되고 있다. 디지털 도구의 도움을 받는 현대적인 의정활동은 의원이 잠든 후에도 계속된다.

장면 2.

2025년. 행정사무감사를 앞둔 미래시의회 참잘해 의원. 바쁜 일정 속에서도 미래시 소속 청소노동자들의 고용 실태를 조사하고자 시에 관련 자료를 요구했습니다. 미래시에서 돌아온 답변은 지난 10년간의 방대한 원본 문서! 예전 같았으면 수백 장에 달하는 자료를 하나하나 밑줄 그어가며 밤을 새워 분석했을 것입니다.

그러나 이번엔 달랐습니다. 참잘해 의원은 AI 프로그램을 실행해 모든 자료를 업로드하고, 핵심 내용을 빠르게 요약하고 학습하도록 했습니다. AI는 수많은 문서 속에서 청소노동자 관련 정책, 예산, 회의록, 계약 자료 등을 분석해냈고, 의원은 자신의 질문을 덧붙이며 행정사무감사에 필요한 질의서를 빠르게 완성할 수 있었습니다.

그리고 참잘해 의원은 청소노동자들이 정규직이 아닌 하청업체 소속으로 고용되어, 계약 만료 시 손쉽게 해고되었다는 점을 짚어낼 수 있었습니다.

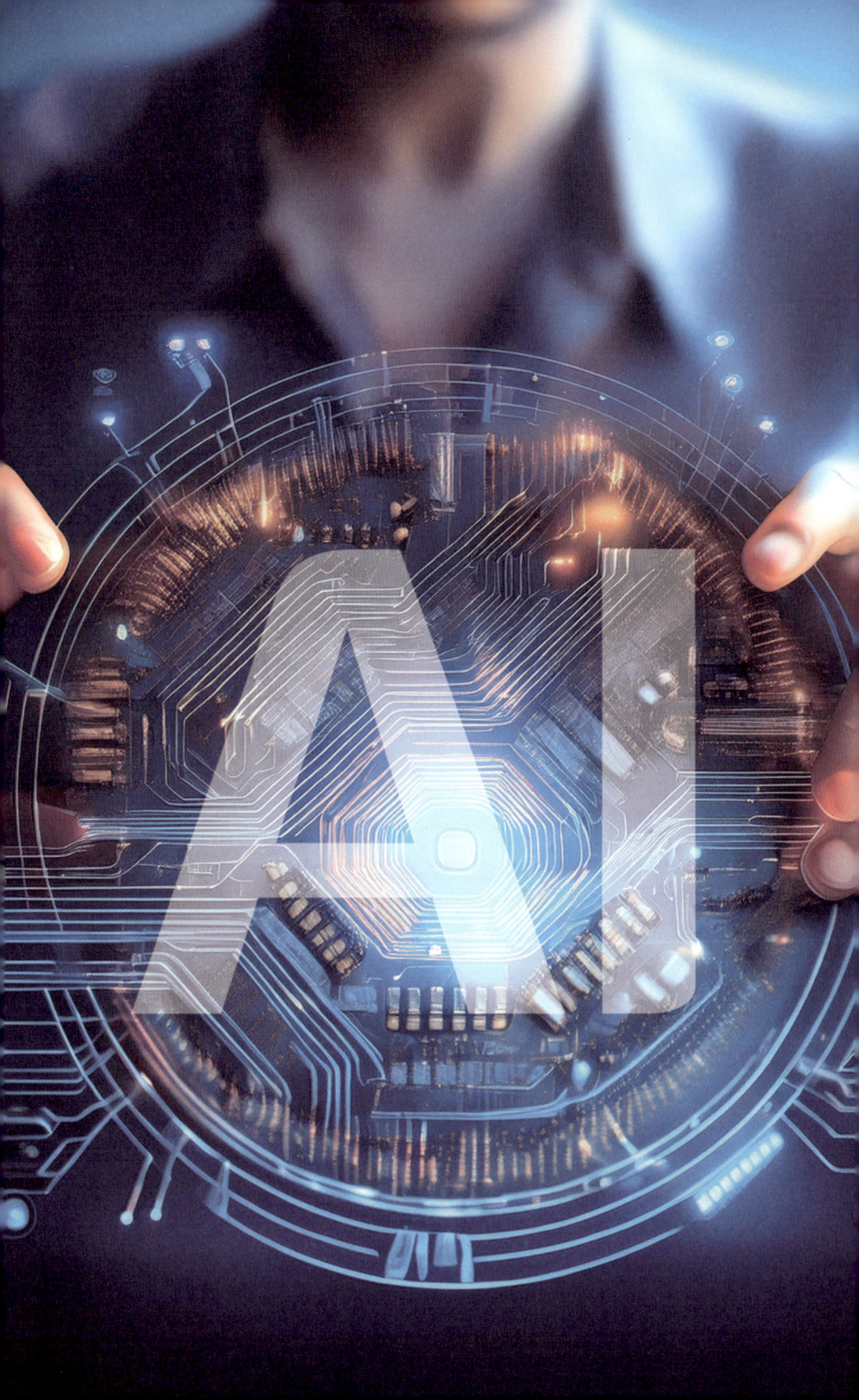

제1부
AI 활용 첫걸음
어디서부터 시작할까

제1부에서는 지방의회 의원들이 AI 시대에 효과적으로 대응할 수 있도록, 생성형 AI와 챗봇의 개념부터 다양한 활용 도구의 특징과 작동 원리를 쉽게 풀어 설명합니다. 특히 AI의 성능을 이끌어내는 핵심 기술인 '프롬프팅'의 원칙과 실제 작성 요령을 익히고, 실무에 적용할 때 유의할 점과 한계도 함께 짚어 봅니다. 나아가 의원 각자의 업무 특성과 개성을 반영한 '맞춤형 AI'를 설정하는 방법까지 안내하며, AI와의 협업 역량을 키우기 위한 실질적인 출발점을 마련합니다.

내 손안의 AI 보좌관_ 지방의회 의원을 위한 AI 활용 가이드북

제1장_ 다양한 AI 도구들

인공지능 시대가 다가왔습니다. 닥쳐왔다는 말이 더 적확할지도 모르겠습니다. '눈 떠 보니 선진국'이라는 말이 한때 회자되었는데, 그야말로 '눈 떠 보니 AI 시대'입니다.

지방의원 대상 강의를 다니면서 AI에 대해 아느냐고 물어보면 대부분 챗GPT(ChatGPT)를 안다고 합니다. 그중 실제로 챗GPT를 사용하는 분은 대략 20% 정도이고, 이 외에 다른 AI 도구를 사용하신다고 하는 분은 아주 드물었습니다.

과거 윈도우가 등장하고 인터넷이 활성화 되는 과정에서 우리나라 검색 시장에는 많은 포털 사이트가 있었습니다. 프리첼, 야후, 코리아닷컴, 라이코스, 엠파스 등등. 이들 포털 사이트는 각각의 장단점을 가지고 경쟁을 벌였습니다. 어디는 검색이, 어디는 이메일이, 어디는 카페가 강점이었습니다. 현재는 네이버와 다음이 국내 시장을 양분했고, 나머지는 이름조차 가물가물하게 되거나 역사의 뒤안길로 사라졌습니다. 그때 그 시절은 가히 포털 사이트의 춘추전국시대라 할 만했습니다. 지금은 AI에 있어서 그때와 같은 'AI 춘추전국시대'라 할 수 있습니다. 네이버와 다음

처럼, 이 춘추전국시대를 평정하고 살아남을 AI 도구는 무엇이 될까요?

　우후죽순으로 등장하고 있는 AI 도구들의 흥망성쇠가 초거대 AI[01]의 발달이 가속화됨에 따라 어느 시기가 되면 몇 개의 AI 도구들로 평정될 것으로 예상되지만, 현재로서는 각 AI의 고유한 장단점들을 고려하며, 최대한 다양하게 활용해 보는 것이 최선입니다.

1절. 생성형 AI

　우리가 흔히 AI라고 하면 떠올리는 도구입니다. 가장 유명한 도구들이며, 그만큼 한 가지 기능에 한정되기보다는 글쓰기, 분석, 추론, 콘텐츠 생성 등 다양한 작업이 가능한 AI입니다. 챗GPT, 코파일럿, 제미나이 등은 텍스트뿐 아니라 이미지와 음성으로 입력이 가능하고, 생성도 가능합니다. 그중에서 클로드는 텍스트를 기반으로 특화되어 있는 AI 도구입니다.

　이들 생성형 AI는 각 도구들마다 각각의 특장점을 가지고 있습니다. 처음에는 여러 개의 생성형 AI를 함께 써 보면서 각자의 업무 방식에 최적합한 활용 조합을 찾아가기를 권해 드립니다. 또한, 휴대전화에 앱을

---

01) 초거대 AI는 수십억에서 수조 개의 파라미터를 학습한 대규모 언어 모델로, 번역, 요약, 작문, 질의응답 등 다양한 작업을 수행할 수 있는 범용성을 지닌 인공지능을 말합니다. 이는 특정 업무에만 특화된 기존 AI와는 구별됩니다. 기존의 AI보다 대량의 데이터와 처리 능력을 기반으로 더욱 복잡하고 광범위한 분야에서 작업을 수행합니다. (cf. '초거대 AI 한눈에 보기' - 2023. 국회도서관)

AI 도구	특징	장점	단점
ChatGPT	생성형 AI, GPT-4 기반	다양한 작업 지원, 창의적 콘텐츠 생성, 실시간 문서 작성 가능	최신 데이터 반영이 제한적
Claude	심층 분석과 긴 텍스트 처리에 강점	복잡한 문서 분석 및 요약, 정책 보고서 작성에 유리	이미지, 멀티미디어 처리 불가
Perplexity	실시간 정보 검색 및 정확도 높은 답변 제공	최신 정보 제공, 사실 기반 답변	창의적 작업에는 부적합
Copilot	코드 작성 및 협업 중심	프로그래밍 및 워크플로우 자동화 지원	비개발 업무에는 제한적
Gemini	멀티미디어 콘텐츠 제작 가능	이미지, 동영상 처리 가능, 시각 자료 제작	세부적인 텍스트 작업엔 비효율적

설치해 모바일 기반으로 활용하면 일상 속에서 좀 더 쉽고 편리하게 AI를 활용할 수 있을 것입니다.

현재 우리가 사용하는 생성형 AI(챗GPT, 클로드 등)는 다양한 작업에 활용될 수 있는 '범용 AI'에 가깝지만, 인간처럼 사고하고 판단하는 '범용 AI(AGI, Artificial General Intelligence)'에는 아직 이르지 못했습니다. AI 발전의 역사에 대해서는 3장에서 좀 더 상세히 설명합니다.

2절. 이미지 생성 및 편집 AI

의정활동에서 시각 자료는 중요한 역할을 합니다. 주민들에게 정책을 설명할 때, 보도자료를 작성할 때, 혹은 SNS를 통해 소통할 때 이미지, 인포

그래픽, 다이어그램 등은 메시지를 효과적으로 전달하는 도구가 됩니다.

그렇다면 이미지와 그래픽을 더 쉽고 빠르게 만드는 데도 AI를 활용할 수 있을까요? 이미지 생성 및 편집 AI 도구를 활용하면 전문 디자인 기술 없이도 고품질의 시각 자료를 활용한 정책보고서나 보도자료를 제작할 수 있습니다. 달리(DALL·E), 미드저니(Midjourney), 스테이블 디퓨전(Stable Diffusion), 캔바(Canva), 어도비 파이어플라이(Adobe Firefly) 등 주요 AI 도구들을 비교하고, 실제 의정활동에서 어떻게 활용할 수 있는지 그 특장점을 아래 표를 통해 비교해 보겠습니다.

AI 도구	특징	강점	활용 예시
DALL-E (OpenAI)	텍스트를 입력하면 AI가 이미지를 생성	직관적인 사용법, 다양한 스타일 가능	정책 홍보 포스터, 주민 설명용 이미지 생성
Midjourney	고퀄리티 예술적 이미지 생성	사실적인 이미지, 예술적 표현 가능	캠페인 포스터, 인상적인 배경 이미지 제작
Stable Diffusion	오픈소스 기반 이미지 생성 AI	무료 사용 가능, 커스터마이징 가능	SNS용 홍보 콘텐츠, 브로슈어 디자인
Canva AI	템플릿 기반 그래픽 디자인	간단한 조작으로 포스터, 인포그래픽 제작 가능	발표 자료, SNS 카드뉴스, 안내문 제작
Adobe Firefly	Photoshop과 연동되는 AI 이미지	편집 기능 강력, 브랜드 디자인 가능	의회 보고서 표지 디자인, 홍보물 제작

각각의 AI 이미지 도구들은 저마다의 특장점을 가지고 있습니다. 목적에 맞는 AI 도구를 선택해서 사용하면 효과적으로 이미지를 생성할 수 있습니다. 예를 들어 카드뉴스를 만들고 싶다면 Stable Diffusion이나 Canva를, 공식 문서의 디자인을 원한다면 Adobe Firefly 혹은 Canva

를 활용하는 것이 효과적입니다. 또한 AI가 생성한 이미지를 바로 사용하기보다는 텍스트를 추가하거나 세부 편집을 거침으로써, 최대한 정확하고 적확한 이미지를 활용할 수 있습니다.

다만, 이미지 생성 AI 도구는 도구별로 저작권 정책과 상업적 이용 조건이 다르므로 사용 전에 반드시 확인해야 합니다. 저작권과 윤리적 사용을 고려하여 생성한 이미지라 하더라도 공공장소에서 공개적, 혹은 공식적으로 사용할 때는 출처, AI 사용 여부를 명시하는 것이 좋습니다. 또한, 생성된 이미지가 가짜 뉴스나 허위 정보로 악용되지 않도록 유의해야 하며, 특히 AI가 생성하는 '할루시네이션(Hallucination)'[02]에 유의해야 합니다.

의정활동에서 이미지 생성 AI를 활용하면 시간을 절약하고, 효과적인 시각자료를 포함한 자료를 제작할 수 있습니다. 빠르고 쉽게 정책 홍보 포스터를 제작하거나 복잡한 정책을 시각적 자료로써 효과적으로 설명할 수도 있고, SNS 및 대중 홍보 콘텐츠를 쉽고 효율적으로 제작하는 것도 가능해집니다.

이제 AI를 활용하여 주민과 더 효과적으로 소통하고, 정책을 좀 더 직관적으로 전달할 수 있는 시대가 되었습니다. AI의 도움을 받아 더 창의적인 의정활동 자료와 홍보 자료를 제작하고, 주민들과의 소통을 강화하는 데 적극 활용해 보세요!

---

02) 할루시네이션(Hallucination). 환각, 환영, 환청을 뜻하는 것으로 인공지능(AI) 언어 모델이 그럴싸한 거짓 정보를 답변하는 현상을 말한다. 이는 인공지능 모델의 학습 데이터나 입력 데이터의 부족, 또는 오류로 인해 발생할 수 있다. (한경 경제용어사전)

3절. 동영상 생성, 작곡 AI

지방 의원에게 있어서 지역 주민과 효과적으로 소통하는 일은 매우 중요합니다. 긴 글이나 보고서보다 영상 콘텐츠가 더 빠르고 쉽게 주민들에게 메시지를 전달할 수 있습니다. 예전에는 동영상 제작이 전문가의 영역이었지만, 이제는 AI 기술을 활용하여 간단한 조작만으로도 손쉽게 동영상을 제작할 수 있게 되었습니다.

Runway ML, Synthesia, HeyGen, Pika Labs, DeepBrain AI, Vrew 등 주요 AI 동영상 생성 및 편집 도구들을 비교해 보겠습니다.

AI 도구	특징	강점	활용 예시
Runway ML	AI 기반 영상 편집 및 생성	영상 합성, 특수효과	지역 정책 홍보 영상, 캠페인 광고
Synthesia	AI 아바타 기반 설명 영상 제작	다양한 아바타 선택 가능, 다국어 지원	정책 브리핑, 공공 캠페인 발표
HeyGen	AI 아바타 & 음성 합성	실제 사람 같은 음성, 3D 아바타 지원	지역 소식 전달, 주민 대상 공지 영상
Pika Labs	텍스트에서 애니메이션 영상 생성	간단한 설명만으로 영상 제작	정책 홍보용 SNS영상, 교육 콘텐츠
DeepBrain AI	자연스러운 뉴스 형식 AI 아나운서 영상	공식적인 뉴스 스타일 영상 제작	지방의회 뉴스 브리핑, 의정활동 보고

이미지를 생성하는 AI 도구와 마찬가지로 영상을 생성하는 AI 도구도 목적에 맞는 도구를 선택하는 것이 효율성 제고의 관건입니다. 정책 홍보 영상 제작에는 런웨이 ML(Runway ML)이나 피카랩스(Pika Labs)를, 공식적인 발표 영상엔 신세시아(Synthesia), 딥브레인(DeepBrain) AI를, 숏츠

나 릴스 같은 SNS 확산용 짧은 영상 제작엔 헤이젠(HeyGen), 피카랩스(Pika Labs)를 사용하는 것을 예로 들 수 있습니다. 마찬가지로 영상의 완성도를 높이기 위해선 추가 편집이 필요합니다. 자막을 추가하거나 로고를 삽입하고, 혹은 배경음악을 추가한다면 좀 더 개성 있고, 완성도와 전달력이 높은 영상을 만들 수 있습니다.

  AI 영상 제작 도구를 활용하면 시간과 비용을 절감하면서 전문성 높고 개성 있는 영상 콘텐츠를 제작할 수 있습니다. 정책 홍보, 주민 공지, 의정활동 보고 영상 등을 쉽게 제작할 수 있고, 직접 출연하지 않아도 AI 아바타나 내레이션을 활용할 수 있으며, SNS, 유튜브, 지방자치단체 웹사이트 등 다양한 채널을 통한 전파와 홍보를 할 수 있습니다.

  정치인이라면 반드시 통과해야 할 관문인 선거, 그 선거에서 필수적인 것이 바로 로고송입니다. 그동안 로고송을 만들려면 저작권료, 가수 섭외비, 음원 생성비, 작곡료 등 많은 비용이 들었습니다. 하지만 이제 AI로 단 1분 만에 손쉽게 로고송을 만들어낼 수 있습니다. '수노(Suno) AI'를 활용하면 내가 쓴 프롬프트에 맞는 가사를 써주고, 내가 원하는 장르로 내 지역구 상황에 맞는 노래를 작곡해 주며, 노래도 불러 줍니다. 프롬프트 한 줄을 제대로 쓰면, 몇 초 만에 노래 2곡 정도는 뚝딱 만들어 줍니다. 이렇게 창작된 노래는 컴퓨터로 다운로드할 수도 있고, SNS 등을 통해 전파할 수도 있습니다.

4절. 그 밖의 AI 도구들

1. 쉽고 활용도 높은 '웍스 AI'

지방의원들에게 생성형 AI 이외에 AI 도구 딱 하나만 추천하라고 한다면, '웍스 AI'를 추천하고 싶습니다. 웍스 AI는 프롬프팅에 서툰 초보자가 활용하기 쉽게 필요한 업무별로 AI 비서가 나뉘어져 있어, 필요한 업무에 맞게 찾아서 활용한다면 활용도가 매우 높을 것입니다.

GPT-4와의 대화도 가능하고, 문서 번역, 문서 검토도 해서 PDF 파일을 올리고 내용 요약을 요청하거나 내용에 대한 질문을 할 수도 있습니다. 데이터 분석도 해 주고, 회의록 등을 넣으면 개조식으로 정리해 주기도 합니다. 회의록 작성도 해주고, 또 '파워포인트 기획'을 활용하면 한 줄의 프롬프팅 만으로도 5분 발언 초안을 손쉽게 만들 수도 있습니다. 보도자료 작성 부분에선 간단한 사진이나 설명만으로도 매우 충실한 보도자료가 만들어집니다. 그 외에 민원 응대 원고를 작성해 준다거나 적절한 예화를 안내해 주는 기능도 있습니다.

2. SNS 용 아바타 만들기: 보일라, 뷰티플러스, 샤인, 스노우

지역의 여러 소통방에서 주민들과 친근하게 소통하기 위해 귀여운 아바타를 활용해 보세요. 요즘 웬만한 카메라 앱들은 AI 기능들을 하나씩 다 가지고 있습니다. 그중 '보일라' AI는 아바타 만들기에 특화된 AI입니다. 여러 유형의 아바타를 다양하게 만들다 보면 그중에서 마음에 쏙 드는 아바타를 찾으실 수 있을 것입니다. 좀 더 정교한 아바타 결과물을 얻고 싶으면 뷰티플러스 카메라 앱의 'AI 인물사진'을 선택해 보세요. 다양한 콘셉트의 아바타 샘플들이 나옵니다. 그중 하나를 고른 후 본인 사진을 12장 업로드하면, 12장 사진의 패턴을 토대로 정교한 아바타가 만들어집니다.

3. 1분 안에 만드는 PPT: 감마 AI

지방의원들을 대상으로 한 AI 강의를 다니면서 소개했을 때 의원님들이 가장 흥미로워하는 AI가 바로 '감마 AI'입니다. 프롬프트나 텍스트 입력만으로 10페이지 분량의 PPT 초안을 자동으로 생성해 주는 기능이 있으며, 실시간 편집과 커스터마이징도 가능합니다. 내용도 썩 훌륭하고, 자료 사진도 내용에 연계된 사진이나 그림들이 반영될 뿐 아니라 도표 등도 적절하고 일목요연하게 만들어 냅니다. 프롬프팅만으로 PPT를 만들 수도 있고, 텍스트를 붙여 넣어 만들 수도, 파일이나 URL을 가져다가 PPT를 만들 수도 있습니다.

제작 완료된 PPT를 '내보내기'하면, PDF나 PPT, PNG 파일로 저장할 수 있습니다. PPT로 저장한 파일은 이미지나 폰트, 내용을 수정할 수도 있습니다. 감마를 통해 PPT 초안과 틀을 만든다고 생각하시고, 생성된 PPT를 의도에 맞게 수정하면 완성도 있는 PPT를 만들 수 있습니다.

이 책에 소개된 도구 외에도 챗GPT를 기반으로 한 다양한 한국형 서비스들이 존재합니다. '웍스AI', '마이크로소프트 Copilot', '빙챗', '카카오 i 번역' 등 각 도구마다 특화 기능이 다르므로, 자신의 업무 방식에 맞는 도구를 선택해 활용하는 것이 중요합니다.

제2장_ 좋은 프롬프팅이 좋은 결과를 만든다

AI는 여러분의 가장 유능한 보좌관이 될 수 있습니다. 하지만 여기에도 성공의 열쇠가 필요한데 바로 '어떻게 대화를 시도하느냐'입니다. 마치 훌륭한 비서와 소통하듯, AI와 대화하는 방법을 익히고 사용하다 보면 놀라운 성과를 얻을 수 있습니다.

프롬프팅(Prompting)은 AI에게 질문이나 지시를 주는 방식으로, 마치 감독이 배우에게 장면 설명을 하듯 AI에게 맥락과 조건을 명확히 전달하는 과정입니다. 배우에게 어떤 연기를 해야 할지 자세하게 설명하고 상황을 구체적으로 해설해 주어야 감독의 의도에 맞는 연기가 나옵니다. 여러분은 AI라는 배우에게 정확한 디렉팅을 하는, 즉 지시사항을 정확하게 제시하는 감독이 되어야 합니다. AI에서 디렉팅이 바로 '프롬프팅'입니다. 그래서, AI를 잘 활용하려면 '프롬프팅(Prompting)'이 중요합니다.

프롬프팅이란 AI에게 적절한 지시를 내리는 행위를 의미하며, 어떻게 지시, 즉 질문 창에 입력하느냐에 따라 결과의 품질이 크게 달라집니다. 인공지능은 처음에는 나와 내 질문에 대한 의도와 맥락을 거의 갖고 있

〈그림1〉 챗GPT 초기 화면

지 않기 때문에, 처음 만난 사람에게 질문하듯이 명확하고 구체적으로 질문하여야 합니다. 효과적인 프롬프팅을 할 수 있어야 내가 원하는 AI 보좌관을 만들 수 있습니다. (최근에는 내가 하는 질문들을 기억하였다가, 점점 내 질문의 의도를 추론해서 파악하는 능력이 높아지는 추론형 AI가 대세가 되고 있습니다.)

1절. 왜 프롬프팅이 중요한가?

AI는 사용자가 입력하는 문장을 바탕으로 답변을 생성합니다. 따라서 질문이 모호하면 원하는 답을 얻기 어렵습니다.
예를 들어, 다음 두 가지 질문을 비교해 보겠습니다.

A. 잘못된 예시:
"우리 지역에 맞는 정책을 추천해 줘."

이 질문은 너무 광범위해서 AI가 정확한 답을 내놓기 어렵습니다. '우리 지역'이 어디인지, 어떤 분야의 정책을 원하는지 등이 명확하지 않기 때문입니다.

B. 좋은 예시:

"경기도 성남시 분당구의 교통 혼잡 문제를 해결하기 위한 지방자치단체 차원의 정책을 3가지 제안해 줘. 참고할 만한 사례가 있다면 함께 제시해 줘."

이처럼 질문을 구체적으로 하면 AI가 좀 더 정확하고 유용한 답변을 제공합니다. 물론 처음에는 짧고 명확한 지시문부터 시작해 보아도 좋습니다. 예를 들어 '이번 회기 조례안 목록 정리해 줘', '환경 관련 조례안을 쉽게 설명해 줘'와 같이 간단한 문장으로도 충분히 유용한 답변을 얻을 수 있습니다. 이를 바탕으로 원하는 방향으로 심화하고 확장시켜 갈 수 있습니다.

2절. 프롬프팅의 황금 법칙 5가지

'좋은 프롬프팅'을 하기 위한 황금 법칙 5가지를 다음과 같이 제안합니다.

1. 명확성 – 구체적으로 말하기

A. 잘못된 예시:

"조례안 좀 검토해 줘."

B. 올바른 예시:

"다음 고양시 지방의회 회의에 상정될 환경보호조례안의 법적 타당성을 검토해 줘. 특히 다음 사항들을 중점적으로 살펴봐:

– 현행 환경 관련 법규와의 충돌 여부

– 지역 산업에 미칠 경제적 영향

– 실행 가능성과 구체적인 이행 방안

분석 결과를 A4 3장 분량의 보고서로 작성해 줘."

B의 경우 '현행 환경 관련 법규' 목록과 내용을 PDF 파일로 첨부할 수 있고, 그 전에 '현행 환경 관련 법규' 목록을 제시해 달라고 요청하여, 그 내용을 참고하라고 요청하면, 더 구체적이고 수준 높은 답변을 기대할 수 있습니다.

2. 맥락 제공 – 배경 설명

AI에게 맥락, 즉 이 질문을 하는 배경을 제공하면 더욱 정확하고 깊이 있는 지원을 받을 수 있습니다. 마치 새로운 보좌관에게 지금까지의 업무 상황을 설명하듯이, AI에게도 충분한 정보를 제공하세요.

예시:

"우리 ○○ 지역은 최근 인구 고령화로 인해 복지 서비스 개선이 시급해. 65세 이상 인구 비율이 35%를 넘어서면서 현재 복지 정책의 한계가 드러나고 있어. 이를 개선할 수 있는 혁신적인 정책 제안서를 작성해 줘. 예산 제약, 지역 특성, 기존 복지 프로그램의 장단점 등을 종합적으로 고려해 줘."

3. 단계별 접근 – 복잡한 작업 쪼개기

복잡하고 다층적인 결과물이 필요한 경우에, 작은 단계로 나누어 프롬프팅을 시도하세요. AI와 함께 회의를 하며 문제를 풀어나가듯이 단계별로 질문을 심화 또는 확장하면서 작업을 진행하면 더욱 효율적입니다.

예시 시나리오:
1. 현재 지역 현황 데이터 분석 요청
2. 문제점 도출
3. 해결 방안 브레인스토밍
4. 실행 계획 수립
5. 최종 보고서 작성

위에서 1, 2, 3, 4, 5의 각 단계가 하나의 프롬프트가 됩니다. 각 단계의 답변 내용을 토대로 다음 단계 프롬프트 내용, 즉 질문을 구성하면 됩니다.

4. 역할 부여 – AI에게 전문성 입히기

AI에게 특정 역할과 전문성을 부여하면 더욱 전문적인 결과물을 얻을 수 있습니다.

> **예시1:**
> "당신은 30년 경력의 도시계획 전문가이자 지방정부 정책 컨설턴트입니다. 일반적인 컨설팅 보고서 양식에 따라 우리 ○○지역의 지속 가능한 도시 발전 전략을 수립해 주세요."

> **예시2:**
> "당신은 10년 차 지방자치 정책 연구원입니다. 지역 경제 활성화를 위한 효과적인 정책 5가지를 제안하고 각 정책별로 세부사항 3가지씩 제시해 주세요."

이렇게 AI에게 역할과 답변의 방향을 지정해 주면 좀 더 신뢰도 높은 답변을 받을 수 있습니다.

5. 피드백과 반복 – 지속적인 개선 요구하기

첫 번째 결과물에 만족하지 못한다면 주저하지 말고 구체적인 피드백을 제공하세요. AI와의 대화는 지속적인 조정과 개선의 과정입니다.

예시1:

(앞서서 1차 답변을 받았다는 전제하에)

"좋은 답변이야. 그런데 구체성이 떨어져. 현재 ㅇㅇ시의 재정 상태, 인구 구성의 변화 즉 고령화, 학령인구 감소, 환경 상태의 악화 등의 상황을 반영하여 구체적인 수치를 근거로 제시하면서, 답변을 다시 작성해 줘."

3절. 주의할 점들

AI 도구를 활용할 때 반드시 명심해야 할 주의 사항이 있습니다.

1. 개인정보, 대외비 정보 입력 금지

먼저, 개인 정보나 민감한 정보는 절대로 AI에 입력하지 마세요. 주민등록번호, 계좌정보, 의료기록 등의 개인 정보는 물론, 지역 주민의 민원 내용이나 비공개 회의 내용과 같은 기밀사항을 AI에 공유하는 것은 심각한 정보 유출로 이어질 수 있습니다. 항상 공개해도 무방한 정보만 입력하는 습관을 들이는 것이 중요합니다.

2. 점검, 재점검, 확인, 재확인

AI가 제공하는 답변을 무조건적으로 신뢰하는 것은 위험합니다. 앞에서도 언급했듯이 AI 사용에 있어 난제 중 하나가 바로 '할루시네이션'입니다. AI는 때때로 정확하지 않은 정보, 실재하지 않는 사실을 자신감 있게 제시하거나, 오래된 데이터에 기반한 답변을 할 수도 있습니다. 특히 법률 해석, 정책 결정, 예산 관련 사항 등 중요한 의사결정에는 반드시 관련 분야 전문가의 검토를 거쳐야 합니다. AI는 보조 도구일 뿐, 최종 판단과 책임은 항상 사용자에게 있음을 명심해야 합니다. 이 문제는 지극히 중요하므로, 뒤에서 좀 더 구체적으로 다룹니다.

3. 합법적이고 윤리적인 사용

AI 활용은 항상 윤리적이고 합법적인 범위 내에서 이루어져야 합니다. 지방의원으로서 공직자 윤리와 법적 책임을 준수하는 방식으로만 AI를 활용하세요. 특정 개인이나 집단에 대한 차별적 내용 생성, 저작권이 있는 콘텐츠의 무단 복제, 허위 정보 생성 및 유포 등의 목적으로 AI를 활용하는 것은 피해야 합니다. 또한, AI를 활용한 업무는 투명하게 공개하고, 필요시 AI 활용 여부를 밝히는 것이 시민들의 신뢰를 얻는 데 도움이 됩니다.

AI는 지방의원의 업무 효율성을 높이고 더 나은 의사결정을 돕는 도구로 활용될 때 그 가치가 극대화된다는 점을 기억하세요.

4절. 실전 예제 – 업무에 활용할 수 있는 프롬프팅

지방의원 업무에서 AI를 어떻게 활용할 수 있을지, 몇 가지 실전 프롬프트 예제를 소개해 드립니다.

1. 주민 의견을 반영한 정책 아이디어 도출

프롬프트 예시:

"우리 지역 주민들이 가장 관심 있는 정책 이슈를 조사하고 싶어. 최근 1년간 뉴스, 소셜 미디어에서 많이 언급된 지방자치 관련 키워드를 우선순위별로 20개를 제시하고, 이를 분야별로 묶어 가며 분석해 줘."

이러한 요청에 AI는 최근 뉴스와 여론의 트렌드를 분석하여 주민들이 가장 관심을 가지는 정책 주제를 알려줄 수 있습니다.

2. 조례 초안 작성 지원

프롬프트 예시:

"우리 ○○ 지역의 환경보호를 위한 새로운 조례를 만들려고 해. 현행 조례의 현황, 성과, 한계를 분석한 다음 첫째, 기존 조례를 개정할 부분을 제안해 주고, 둘째 신규 조례의 입법 취지와 기본 틀을 잡아서 제시하면서, 기대효과와 특히 강조할 요점을 제시해 줘."

AI는 관련 조례의 현황과 보완할 점을 제시하고, 조례의 기본 구조를 제시하고, 유사한 사례를 찾아 도움이 될 만한 내용을 제공합니다.

3. 예산안 분석 및 정리

프롬프트 예시:
"올해 우리 시의 예산안을 검토해야 해. 예산안에서 주민 복지와 관련된 항목을 정리하고, 주요 증감 내역을 분석해 줘."

AI는 방대한 예산안 데이터를 정리하여 필요한 정보를 빠르게 찾아내고 그 의미와 타당성 등을 설명해 줍니다.

4. 연설문 및 보도자료 작성

프롬프트 예시:
"다음 달 주민 설명회에서 교통 문제 해결 방안을 발표하려고 해. 5분 분량의 연설문을 작성해 줘. 주민들이 공감할 수 있는 현황과 사례를 제시하고, 그것을 해결할 수 있는 방안을 논리적으로 정리해 줘."

AI는 지역의 실제 현실을 기반으로 한 원인 분석과 문제 설정, 그리고 대안을 토대로 효과적인 연설문을 논리적으로 정리해 주며, 주민들이 이해하기 쉬운 표현을 사용하도록 도와줍니다. 프롬프팅은 결국 사용자의 의도와 맥락을 이해하는 질문을 만들어 가는 과정입니다. 질문이 길면 길수록 좋은 결과가 나올 가능성이 높아집니다. 그러나 마냥 질문을 끝없이 길게 할 수는 없기 때문에, 이러한 조건들을 사전에 AI 프로그램에 학습시키는 방법, 즉 커스터마이징이 필요합니다.

5절. 커스터마이징(customizing), 나만의 AI 만들기

커스터마이징은 AI 도구의 설정을 사용자의 선호와 필요에 맞게 조정하는 것으로, 질문자가 자주 사용하는 언어, 관심 분야, 답변 톤 등을 미리 지정하는 기능입니다. '사용자 최적화 설정'이라고 이해할 수 있습니다. 같은 조건들을 가지고 여러 질문을 해야 할 때, 그 조건에 상응하는 정보 값을 미리 학습시켜 놓는 것입니다. 처음 만나는 사람에게 질문을 하면서 나에 관한 정보를 미리 말해 놓는 것이라고 생각해 두면 이해가 쉽습니다.

프로그램별로 다양한 커스터마이징 방법이 있지만, 챗GPT의 커스터마이징 방법을 예시로 설명드리겠습니다. 다른 프로그램의 커스터마이징도 대체로 챗GPT의 방식을 준용하기 때문에, 가장 보편적인 커스터마이징 방법을 이해한다고 생각하시면 됩니다.

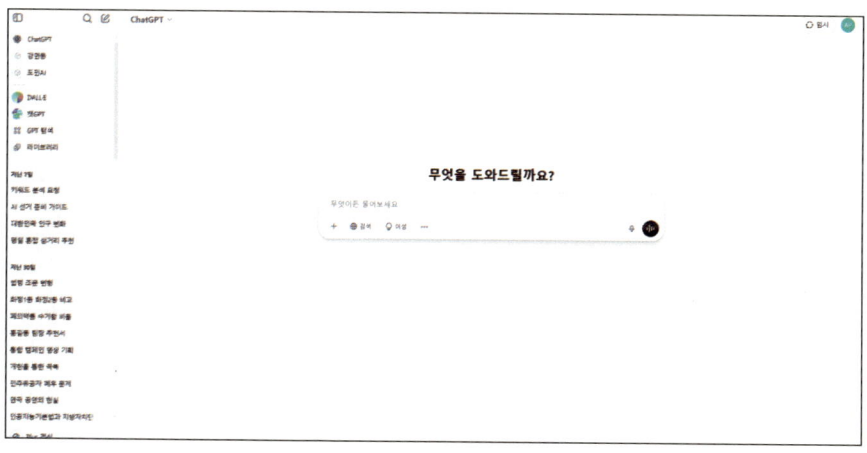

〈그림2〉 챗GPT의 첫 화면. 커스터마이징을 위해 오른쪽 위 개인 프로필 아이콘을 클릭한다.

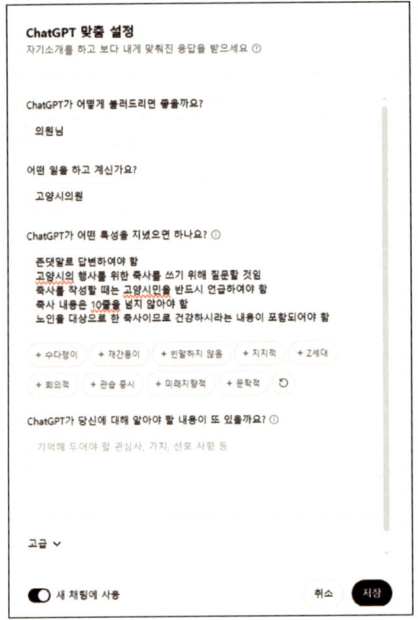

〈그림3〉 고양시 의원. 존댓말.
고양시 행사 등으로 커스터마이징하는 화면

　우선 이용 방법은 챗GPT에서 'ChatGPT 맞춤 설정'을 선택하여 클릭하면 됩니다. 컴퓨터로 활용하는 경우 우측 상단 개인 프로필 아이콘을 클릭하면 되고, 모바일로 활용하는 경우 좌측 상단 ☰ 버튼을 클릭하고 개인 프로필 아이콘을 클릭하면 됩니다. 클릭하면 4가지 조건 탭이 뜹니다.

ChatGPT(챗GPT)가 어떻게 불러드리면 좋을까요?: 질문을 하는 나를 ChatGPT가 어떻게 불러줄지
어떤 일을 하고 계신가요?: ChatGPT를 쓰는 사람이 어떤 일을 하고 있는지
ChatGPT가 어떤 특성을 지녔으면 하나요?: 질문에 어떤 조건을 추가할지
ChatGPT가 당신에 대해 알아야 할 내용이 또 있을까요?: 질문을 하는 맥락 부연 설명

커스터마이징에서 특히 중요한 부분은 세 번째 조건입니다. 질문에 앞서 어떤 조건을 미리 추가시켜 둘지를 정하는 부분이기 때문입니다. 예시로 활용한 내용과 답변은 다음과 같습니다.

■ 커스터마이징 조건
① 존댓말로 답변하여야 함
② 고양시의 행사를 위한 축사를 쓰기 위해 질문할 것임
③ 축사를 작성할 때는 고양시민을 반드시 언급하여야 함
④ 축사 내용은 10줄을 넘지 않아야 함
⑤ 노인을 대상으로 한 축사이므로 건강하시라는 내용이 포함되어야 함

이러한 커스터마이징이 완료되었다면, 아래와 같은 간단한 질문만으로도 원하는 답을 얻을 수 있게 됩니다.

질문:
"노인회관 개소식 축사를 써 줘."

답변:
존경하는 고양시 어르신 여러분, 그리고 내빈 여러분!
오늘 뜻깊은 고양시 노인회관 개소식을 진심으로 축하드립니다. 이곳은 어르신들께서 편안하게 소통하고, 배움과 여가를 즐기며, 활기찬 노년을 보내실 소중한 공간이 될 것입니다.
고양시에서는 어르신들의 건강과 행복을 최우선으로 생각하며, 다양한 복지

와 문화 프로그램을 지속적으로 지원하겠습니다. 앞으로도 이곳에서 좋은 만남과 따뜻한 정이 넘쳐나기를 바랍니다.
항상 건강하시고, 즐겁고 활기찬 나날이 이어지시길 기원합니다. 감사합니다!

  5가지 조건을 미리 학습시킨 덕분에 "노인회관 개소식 축사를 써 줘"라는 단순한 질문에 여러 요소를 두루 포함한 답변이 나오게 되었습니다. '고양시'에서 '어르신'들의 '건강'을 지원하겠다는 내용은 질문에는 포함되지 않았지만, 사전에 커스터마이징한 조건에 포함되었기 때문에 풍부한 답변이 나오게 된 것입니다. 이러한 커스터마이징은 예시로 보여드린 내용보다 훨씬 더 구체적이고 세부적으로 지정할 수 있고, 사전에 조건만 잘 지정해 둔다면 훨씬 더 빠르고 정확하게 인공지능을 활용할 수 있습니다. 답변 또한 위의 내용보다 짧게 혹은 더 길게, 구체적으로 중요한 다른 키워드를 포함하게 하여, 또 글자 수를 지정해서 받아낼 수도 있습니다.
  이것은 여러분의 의정활동을 더욱 폭넓고 활기차게, 나아가 깊이 있고 효율적으로 수행할 수 있도록 보좌해 줄 것입니다.
  그러나 가장 중요한 사실은 이것입니다. AI는 여러분의 조력자일 뿐, 대체할 수 없는 존재는 바로 여러분이라는 점입니다. 지역사회를 위한 진정성 있는 마음, 풍부한 경험, 그리고 인간적 감수성은 오직 여러분만이 가진 고유한 가치입니다. 프롬프팅 기술을 익혀 AI와 효과적으로 소통하다 보면, 여러분은 더욱 효율적이고 혁신적인 지방의원으로 성장할 수 있을 것입니다.

제3장_ 가짜 정보, 할루시네이션

1절. 할루시네이션이란 무엇인가

앞에서 간단하게 언급하였지만, AI를 활용할 때 반드시 염두에 두고 항상 점검해야 할 사항이 바로 할루시네이션(Hallucination)이기 때문에, 여기서 그 점을 좀 더 상세히 설명하고자 합니다.

인공지능을 활용하면서 가장 주의해야 할 사항 중 하나가 바로 '할루시네이션(Hallucination)'입니다. 할루시네이션은 '환각, 환청, 환영'을 뜻하는 영단어로, 인공지능 알고리즘에 의해 '그럴 듯하게 생성한 정보'를 말합니다. 실제로 존재하지 않거나 잘못된 정보임에도 AI가 "모른다"고 말하지 않고, 어떻게든 답을 하기 위해 사실처럼 보이는 문장을 만들어 제시하는 현상입니다. 다시 말해 AI가 확률적으로 가장 가능성 높은 문장을 생성하는 과정에서, 실제 존재하지 않는 정보를 '있다고 착각하고' 말하는 현상입니다. 의도적인 오류가 아닌 알고리즘의 한계에서 비롯됩니다.

존재하지도 않는 역사적 사건을 만들어 내거나, 존재하지 않는 법령·정책·인물 정보를 제공하거나, 특정 제품이나 기술에 대해 거짓 정보를 생성하기도 합니다. 실제로 인공지능을 활용해 정책에 대한 정보를 수집할 때, 존재하지도 않는 논문을 그럴 듯한 교수진의 이름을 대며 인용해 오거나, 사실과 다른 데이터를 표로 만들어 제공하는 경우도 있었습니다. 인공지능을 단순한 문답용이 아니라 복잡한 작업에 활용하다 보면 할루시네이션을 만날 일이 발생하는데, 가끔은 너무 그럴듯하여 소름이 돋기도 합니다.

 할루시네이션이 발생하는 이유는 여러 가지이지만, 크게 세 가지로 나눌 수 있습니다. 첫째, AI가 학습한 데이터 자체가 편향되거나 오류가 있을 때입니다. 이때는 할루시네이션과 별개로 팩트 체크 과정이 필요합니다. 축사 등의 일상적인 경우를 제외하면 의정활동과 관련된 자료의 경우, 통계숫자나 정책과 관련된 내용은 최대한의 팩트 체크 과정을 거쳐야 합니다. 둘째, 확률적 답변 속에서 오류가 발생할 수 있습니다. 인공지능은 유사한 질문에 대해 다양한 답변을 준비하고 확률에 따라 답변을 생성하는데, 이 과정에서 소설 등 창의적인 작업을 위해 의도적으로 오류가 포함된 답변이 생성될 수 있습니다. 그래서 희귀한 확률로 의도적으로 오류가 포함된 내용이 답변에 포함되는 경우가 발생합니다. 셋째, 지시가 모호하거나 맥락 제공이 부족할 때입니다. 사용자의 질문이 애매하거나 부정확할 경우, AI가 두 가지 이상의 출처에서 정보를 가져와 섞으면서 부정확한 정보가 발생할 수 있습니다.

 이러한 할루시네이션 또는 부정확한 정보의 생성 가능성은 인공지능 활용에서 큰 문제가 될 수 있습니다. 잘못된 정보가 확산되거나 인공지능 기반 의사결정에서 오류가 생길 수 있기 때문입니다. 기초 지방자치단체와 같은 좁은 지역의 데이터는 전체적인 정보의 양이 적어 오류 발생 가능성이 더욱 높습니다. 부정확한 데이터를 기반으로 시뮬레이션이나 정보 분석을 하게 되면 정책 실패를 초래할 수 있으며, 잘못된 정보로 시민들에게 잘못된 메시지를 전달하는 불상사로 이어질 수 있습니다.

세종대왕 맥북 투척사건

* 2023년 챗GPT가 "조선왕조실록에 기록된 세종대왕의 맥북 투척 사건에 대해 알려 줘"라는 질문에 실제 있었던 일인 것처럼 답변을 내놓은 것으로 할루시네이션의 폐혜에 대한 상징적 사건이 되었다.

조선 시대 어느 날, 한글 창제와 여러 혁신적인 정책으로 유명한 세종대왕은 계속해서 나라를 발전시키기 위한 방안을 고민하고 계셨습니다. 그러던 어느 날, 한 신하가 선물로 가져온 미래의 기묘한 기계인 '맥북'을 받게 되었습니다. 신하는 맥북이란 이름을 들은 적이 없었지만, 세종대왕의 호기심을 자극할 것이라고 생각했습니다.

대화 1: 맥북의 등장

신하: 전하, 이 소자는 새로운 물건을 발견하여 전하께 바치고자 합니다. 이름하여 '맥북'이라고 합니다. 이는 신의 나라에서 온 것으로 보입니다.

세종대왕: 이것이 그 신의 나라에서 왔다고 하느냐? 그대는 이 신기한 물건에 대해 무엇을 알고 있는가?

신하: 소신이 아는 바로는, 이 맥북이라는 물건은 책을 읽고 글을 쓰는 도구로, 신속하게 정보를 교환할 수 있다고 합니다. 또한, 그림을 그리거나 음악을 연주할 수도 있다고 합니다.

세종대왕은 신기한 물건을 손에 들고 이리저리 살펴보았다. 그러나 한글 창제를 위해 고심하던 세종대왕은 맥북의 쓰임새를 쉽게 이해하지 못했다.

대화 2: 맥북 사용의 어려움

세종대왕: 이 맥북이라는 물건이 얼마나 유용할지 궁금하구나. 신하들아, 이 물건을 어떻게 사용하는지 알아보면 좋겠다.

신하: 예, 전하. 이 물건에는 '전원 버튼'이라는 것이 있다 하옵니다. 누르면 빛이 나오고 화면이 켜진다고 들었습니다.

신하는 전원 버튼을 눌러 맥북을 켰다. 화면이 켜지자, 여러 아이콘과 함께 한글이 아닌 영어가 나타났다. 세종대왕은 복잡한 화면에 당황했다.

세종대왕: 왜 이 글자들은 우리 글자가 아니란 말인가? 이것으로 무엇을 할 수 있다는 말인가?

신하: 전하, 소신이 더 연구하여 사용 방법을 익혀보고 보고드리겠습니다.

대화 3: 결국! 맥북 투척

시간이 흐르고 신하는 맥북의 사용법을 이해하려 했으나, 여전히 어려웠다. 그 이유는 맥북의 언어 설정이 한글로 되어 있지 않았기 때문이다. 결국 세종대왕은 짜증이 나서 신하를 불렀다.

세종대왕: 신하여, 이 맥북이라는 물건은 도저히 쓸모가 없어 보이는구나. 쓸만한 물건이라면 그렇게 알아보기가 어려우랴. 이 물건을 던져버리는 것이 차라리 나으리라.

신하: 전하, 부디 진정하십시오. 더 연구해 볼 시간을 주신다면···

그러나 세종대왕은 분노를 참지 못하고 맥북을 누각 밖으로 힘껏 내던졌다. 맥북은 저 멀리 하늘을 그리며 던져졌다가 땅에 떨어져 산산조각이 났다.

세종대왕: 이와 같은 헛된 도구는 필요 없다. 우리에게 필요한 것은 우리 백성들에게 바로 쓸 수 있는 실용적인 지식과 도구이다.

그 후, 세종대왕은 다시 한글 창제에 전념하였고, 결국 우리나라의 자랑스러운 문자인 한글을 완성하였다. 이렇듯 '세종대왕 맥북투척사건'은 한때의 해프닝으로만 남았지만, 세종대왕의 혁신과 백성을 위한 마음은 역사를 빛내는 원동력이 되었다.

2절. 할루시네이션을 피하는 법

정책 개발 활동에서 인공지능을 활용할 때는 할루시네이션을 피하는 것이 매우 중요합니다. 인공지능이 오류를 발생시킬 수 있다는 경각심을 가지고 항상 유의해야 하며, 다음과 같은 방법으로 오류를 검증할 수 있습니다.

1. 인공지능의 응답 검증하기 – 팩트 체크

인공지능이 제공한 내용의 근간이 되는 정보를 신뢰할 수 있는 공식 자료와 교차 검증하는 것이 가장 기본적인 방법입니다. 한마디로 팩트 체크를 하는 것입니다. 정부, 국회, 공공기관, 연구소 등의 데이터를 참조하여 인공지능이 도출한 정보를 확인해야 합니다. 특히 최근 자료나 지엽적 데이터(기초 지방자치단체 등)는 할루시네이션이 발생할 가능성이 높으므로 주의가 필요합니다. 최근에는 인공지능에게 특정 내용의 출처를 찾아달라고 요구하면 그 결과를 보여주기도 합니다.

2. 프롬프팅 최적화

질문을 할 때 구체적인 질문을 통해 오류 가능성을 줄일 수 있습니다. 예를 들어, "○○시의 인공지능 정책 발전에 대해 알려 줘"라는 두루뭉술한 질문을 "○○시에서 시행된 인공지능 정책 중 2020년 이후 도입된 3가지 대표 사례를 공식 자료를 참고하여 알려 줘"로 구체화하는 방식입니다. 또한 출처를 요청하는 것도 도움이 됩니다. 질문 초기부터 "데이터나 연구조사를 기반으로 할 때 공식 자료 출처와 함께 제공해 줘"라고 요구하면 인공지능이 구체적인 공식 자료의 출처(링크)를 찾아 제공하기 때문에 답변의 신뢰성을 제고하고 확인할 수 있습니다. 단, AI는 자료 출처를 거짓으로 만드는 경우도 간혹 있으니 출처 또한, 확인해 보시길 바랍니다. 할루시네이션은 예상하지 못하는 부분에서도 만들어집니다.

3. 사실과 추론 구분 요청

"사실에 기반한 정보만 제공하고, 확실하지 않은 내용은 '모르겠다'고 답해 줘"와 같이 질문하여 인공지능이 모르는 부분은 모른다고 답변할 수 있도록 하는 것입니다. 많은 할루시네이션 사례에서는 인공지능이 '모른다'고 답하지 못해 가짜 정보를 만드는 경우가 많습니다.

4. 최신 정보 반영 지시

"2025년 기준으로 가장 최근의 자료를 참고해 줘" 또는 "이 내용이 2025년에도 유효한지 확인해 줘"와 같이 최신 정보를 요청하거나 교차 확인, 추가 질문을 하는 것도 좋은 방법입니다. 최신 정보를 활용할수록 정보의 정확성을 재확인하는 것이 필요합니다.

5. 할루시네이션 최소화 도구 활용

할루시네이션을 최소화하는 인공지능 도구를 사용하는 것도 방법입니다. 가장 일반적으로 활용하는 챗GPT의 대체재로는, 퍼플렉시티(Perplexity.ai)가 있습니다. 퍼플렉시티는 대부분의 답변에 실제 존재하는 연구 자료나 기사를 출처로 포함하도록 설계된 인공지능 모델이기 때문입니다. 그러나 퍼플렉시티를 활용하시는 경우에는 소설을 쓰는 등 실제 데이터를 활용하지 않는 작업의 경우에 답변이 어렵기 때문에, 반드시 실제 정보를 토대로 한 결과물을 필요로 할 경우에만 적합한 모델입니다.

인공지능은 인류가 개발한 혁신적인 도구로, 인간만이 할 수 있다고 믿었던 많은 작업을 가능하게 합니다. 그러나 이러한 도구가 가져올 수 있는 부정적인 상황에 대해서도 항상 경각심을 가져야 합니다. 할루시네이션은 최근 들어 급격히 줄어들고 있습니다. 이에 대한 개선이 급속도로 진척되고 있기 때문입니다. 그러나 인공지능이 만든 결과물을 활용하는 사람이 최종적인 책임을 져야 하는 만큼, '만에 하나'를 염두에 두고 이를 방지하고 점검하는 일은 게을리해서는 안 될 대목입니다. 올바른 질문을 던지고 신뢰할 수 있는 출처를 확인하는 습관을 기르면 인공지능을 더욱 효과적으로 활용할 수 있습니다. 지방의원으로서 공공의 일에 인공지능을 활용한다면 많은 시간과 노력을 절약할 수 있는 훌륭한 도구가 되어 줄 것입니다. 가짜 정보를 발견하고 걸러내는 습관과 역량을 반드시 갖추어서 믿을 수 있는 AI 보좌관을 만들어 가시길 바랍니다.

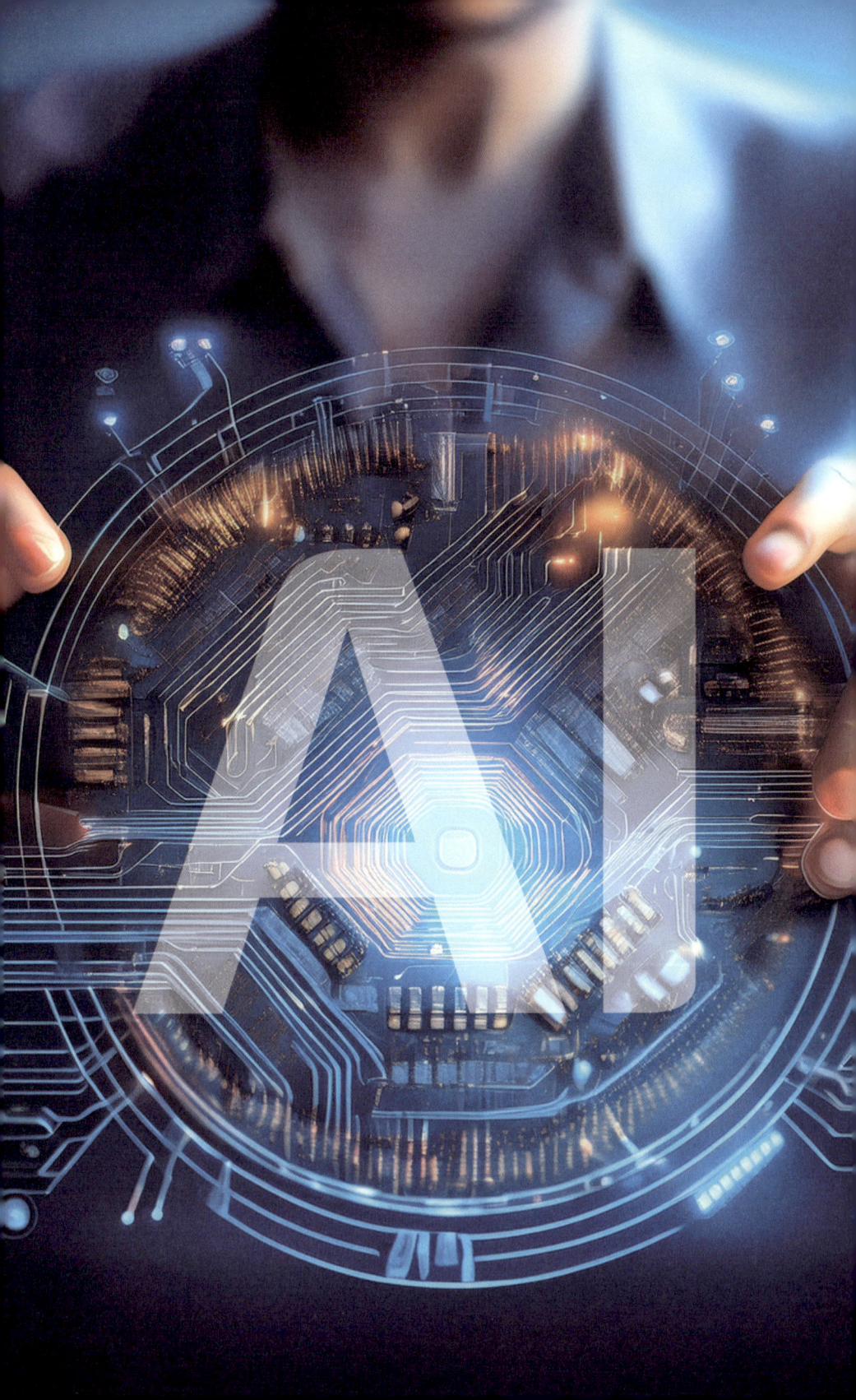

제2부
내 손안의 AI 보좌관과 함께하는 슬기로운 의회 생활

제2부에서는 지방의회 의원들이 AI를 실질적인 의정 보좌 도구로 활용하는 구체적 방법을 소개합니다. 조례 제정, 예산 심의, 행정사무감사, 정책 연구, 민원 응대, SNS 홍보, 선거 전략 수립 등 의정활동의 주요 영역에서 AI가 어떻게 의원의 시간을 절약하고, 정보 분석을 돕고, 주민과의 소통을 강화하는지 생생한 사례와 함께 설명합니다. 단순한 기능 안내를 넘어, 어떤 도구를 어떤 상황에 써야 가장 효율적인지에 대한 비교와 팁도 담았습니다. 이 부를 읽으며 의원 개개인의 업무 스타일에 맞는 AI 활용 전략을 구상해 보시기 바랍니다.

제1장_ AI 활용으로 업그레이드된 의정활동

1절. 조례 제정

주민의 목소리를 반영하는 조례를 제정하거나 개정하는 일은 지방의회의 핵심 기능이며, 매우 중요한 업무입니다. 하지만 방대한 법령과 여러 지역의 유사 조례를 일일이 검토하는 일은 시간과 노력이 많이 듭니다. 이런 점에서 AI는 여러분의 든든한 보좌관이 될 수 있습니다. 아래에서는 기존 법령과 유사 조례를 분석하고, 이를 바탕으로 조례 초안을 작성하는 데 AI가 어떤 도움을 줄 수 있는지 구체적인 사례와 함께 살펴보겠습니다.

1. AI를 활용한 조례 만들기

조례 제정을 추진하는 경우는 그 정책을 추진하는 데 요구되는 자치법규가 부재할 때입니다. 이때는 기존 법령 및 유사 조례 분석이 선행되어야 합니다. 이 경우 챗GPT, 클로드, 퍼플렉시티, 펠로 등의 생성형 AI

도구를 활용하는 것이 편리합니다. 기본적인 원칙은 여러 AI 도구들을 동시에 활용하는 것이 좋다는 것입니다. 각각의 AI 도구가 나름의 특성과 장단점이 있기 때문이며, 다양한 결과물을 참고하기 위해서도 여러 AI 도구 아이콘을 하나의 폴더에 넣고 다양하게 활용해 보는 것이 좋습니다. 유형별로 미리 메모장에 기록해 둔 프롬프트를 복사한 후 붙여넣는 방식으로 활용하면 효율적입니다.

평소 관심 가지고 있던 조례를 가지고 다음 안내를 따라 AI 도구를 활용해 질문해 보길 권합니다. 무엇보다 우선적으로, 실제로 많이 사용해 보아야 설명을 이해하기도 쉬워집니다. 어떤 질문이든 일상적으로 직면하는 다양한 과제 상황에 대해 해답을 구하는 질문을 해 보면서 AI를 말동무로 만들어야 활용 능력도 늘고, 더 고품질의 답을 얻어낼 수 있게 됩니다.

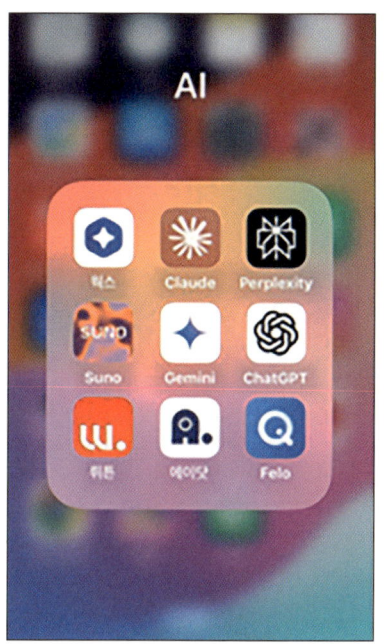

〈그림4〉 다양한 AI 도구들

〈그림5〉 프롬프트 예시

2. 기존 법령 분석하기

조례는 기본적으로 갖추어야 할 형식적, 내용적 요건이 있습니다. 이 작업도 AI를 통해 검토하고 분석할 수 있습니다.

1) 관련 법령 검색과 분석

법령 검색에 AI를 활용하는 방법은 핵심 키워드를 입력하여 관련 법령을 검색하고 법령 간의 연관관계를 파악하며, 최신 개정 사항을 확인하는 것입니다. 예를 들면, 〈청소년 문화시설 설치 및 운영에 관한 조례〉 제정을 위해 AI에게 다음과 같이 요청할 수 있습니다.

> ❓ 청소년 문화시설 관련 상위법령과 관련 법규를 검색해 줘.
>
> 🔆 청소년 문화시설과 관련된 주요 법령은 다음과 같습니다:
>
> 1. **청소년기본법**: 청소년의 육성 및 보호에 관한 기본적인 사항을 규정하여 청소년이 건강하게 성장할 수 있도록 지원하는 법률입니다.
> 2. **청소년활동 진흥법**: 청소년의 다양한 활동을 진흥하고 지원하기 위한 법률로, 청소년수련시설, 청소년이용시설 등 청소년 활동시설의 종류와 설치·운영에 관한 사항을 규정하고 있습니다.
> 3. **청소년복지 지원법**: 청소년의 복지를 증진하고 지원하기 위한 법률로, 청소년복지시설의 설치·운영 절차 등에 관한 사항을 다루고 있습니다.

4. **청소년 보호법**: 유해한 환경으로부터 청소년을 보호하고, 건전한 성장 환경을 조성하기 위한 법률입니다.

이러한 법령은 청소년 문화시설의 설치 및 운영에 직접적으로 영향을 미치며, 지방자치단체는 해당 법령에 따라 지역 내 청소년 시설의 설치 및 운영에 관한 조례를 제정하여 구체적인 사항을 규정하고 있습니다.
자세한 내용은 국가법령정보센터에서 확인하실 수 있습니다.
추가로 궁금하신 사항이 있으시면 언제든지 문의해 주세요.

2) 법적 근거 분석

AI를 활용하여 조례 제정 가능 범위를 확인하고, 위임 사항을 파악, 조례 필수 포함 사항을 체크합니다.

❓ 청소년 문화시설 관련 조례 제정 가능 범위를 확인하고, 위임 사항을 파악, 조례 필수 포함 사항을 체크해 줘.

🌀 청소년 문화시설에 관한 조례 제정시 고려해야 할 사항은 다음과 같습니다.

1. 조례 제정 권한 및 범위

지방자치단체는 「청소년기본법」 제13조에 따라 청소년시설의 설치 및 운영에 필요한 사항을 조례로 제정할 수 있습니다. 이는 지역 내 청소년의 복지 증진과 건전한 성장을 지원하기 위한 것으로, 각 지자체는 지역 특성에 맞게 조례를 제정할 수 있습니다.

2. 상위법령에서의 위임사항
「청소년활동 진흥법」 제11조에 따르면, 지방자치단체는 청소년수련시설을 설치·운영할 수 있으며, 그 운영을 청소년단체에 위탁할 수 있도록 규정하고 있습니다. 또한, 같은 법 제16조에서는 청소년수련시설의 운영을 청소년단체에 위탁할 수 있다고 명시하고 있습니다.

3. 조례에 구체적으로 포함되어야 할 사항
조례를 제정할 때는 다음과 같은 사항들을 포함하는 것이 일반적입니다:
- **목적:** 조례 제정의 목적과 취지를 명확히 기술합니다.
- **정의:** 조례에서 사용하는 '청소년', '청소년시설', '청소년단체' 등의 용어를 정의합니다.
- **시설의 설치 및 운영:** 청소년시설의 종류, 설치 기준, 운영 방안 등을 규정합니다.
- **운영자의 책무:** 시설 운영자의 역할과 책임을 명시합니다.
- **사용 및 이용:** 시설 이용 대상, 이용 절차, 사용료 등에 관한 사항을 규정합니다.

3) 유사 조례 분석

> ❓ **전국 지자체의 청소년 문화시설 관련 조례를 분석해 줘.**

전국 지방자치단체의 청소년 문화시설 관련 조례는 각 지역의 특성과 수요에 따라 제정되어 있습니다. 이러한 조례를 분석해 보면 다음과 같은 공통점과 특성을 발견할 수 있습니다.

1. 조례의 목적 및 정의
대부분의 조례는 청소년의 건전한 성장과 복지 증진을 위해 청소년 문화시설의 설치 및 운영에 관한 사항을 규정하고 있습니다. 이를 위해 '청소년', '청소년 문화시설' 등의 용어를 명확하게 정의하고 있습니다.

2. 시설의 종류 및 설치 기준
전국 지방자치단체의 청소년 문화시설 관련 조례를 분석해 보면,
조례에서는 청소년수련관, 청소년문화의집, 청소년야영장 등 다양한 형태의 청소년 문화시설을 규정하고 있으며, 각 시설의 설치 기준과 요건을 상세히 명시하고 있습니다.

3. 운영 및 관리
시설의 운영 주체, 운영 방식, 관리 책임 등에 관한 사항을 규정하여 효율적인 시설 운영을 도모하고 있습니다. 일부 조례에서는 시설 운영을 민간

에 위탁할 수 있는 근거를 마련하고 있습니다.

4. 프로그램 및 활동 지원

청소년 문화시설에서 제공해야 할 프로그램의 종류, 내용, 지원 방안 등을 규정하여 청소년들의 다양한 문화 활동 참여를 장려하고 있습니다.

5. 안전 및 복지

시설 이용자의 안전과 복지를 위한 안전 관리, 위생, 보험 가입 등에 관한 사항을 규정하여 청소년들이 안전하게 시설을 이용할 수 있도록 하고 있습니다.

4) 우수 사례 분석

우수 사례의 내용 비교와 분석, 3단 비교표 작성, 특징적 조항 도출 등을 할 수도 있습니다.

❓ 청소년 문화시설 관련 조례들 중 우수사례 3개를 추천해 줘.

💬 전국 지방자치단체의 청소년 문화시설 관련 조례 중 우수한 사례로 다음 세 가지를 소개합니다:

1. 서울특별시 강동구

강동구는 지역 자원을 활용하여 청소년 활동공간을 설치하고, 생애 첫 주민등록증을 발급받는 청소년에게 축하카드를 전달하는 등 지역 특화 정책을 추진하였습니다. 또한, 지역 내 청소년 관련 시설이 연합하여 자발적 협의회를 구성·운영함으로써 기관별 프로그램을 공유하고 교차 이용하게 하는 등 서비스 품질 개선과 기관 간 프로그램 불균형 해소에 노력하였습니다.

2. 전라남도 목포시 하당청소년문화센터

하당청소년문화센터는 서남권 청소년 교류캠프, 목포·신안 청소년 공동협약식, 청소년 상생발전 토론회 등 다양한 프로그램을 통해 지역 청소년들의 삶의 질 향상과 행복 추구에 기여하였습니다. 이러한 노력으로 전국청소년수련시설 우수사례 공모전에서 장려상을 수상하였습니다.

3. 서울특별시 중구

서울 중구는 동(洞) 단위 주민자치 활동과 지역 현안에 기초한 청소년 지역사회 활동을 추진하였습니다. 특히, '2020 미래교육 Z컨퍼런스'를 통해 의제 발굴 과정, 주요 내용, 구의원 답변 등을 공유하며 청소년들의 참여를 독려하였습니다. 이러한 사례들은 지역 특성에 맞는 청소년 문화시설 조례와 프로그램을 통해 청소년들의 참여와 성장을 지원하고 있습니다.

"위 세 가지 사례들을 조항별로 비교하는 3단 비교표를 만들어 줘."라고 하면 다음과 같은 표도 완성해 줍니다.

청소년 문화시설 조례 비교표

항목	항목	서울특별시 강동구	전라남도 목포시	서울특별시 중구
1	조례명	강동구 청소년 문화시설 조례	목포시 하당청소년문화센터 운영 조례	중구 청소년 문화시설 조례
2	운영 주체	지자체 및 민간 위탁 가능	청소년 수련시설 직접 운영	지자체 운영, 청소년 자치기구 운영 가능
3	청소년 활동 지원	지역 청소년 활동 공간 운영, 청소년협의회 운영	서남권 청소년 교류 프로그램, 청소년 상생발전 토론회	지역사회 연계 청소년 참여 활성화
4	시설 이용 대상	만 9세~24세 청소년	만 10세~24세 청소년	만 10세~24세 청소년
5	프로그램 특성	청소년 협력 프로젝트, 맞춤형 문화예술 프로그램	교류 중심 프로그램 운영, 지역 연계 중심	지역 문제 발굴, 청소년에 의한 기획 연계 활동
6	운영 방식	공공 운영 및 협력 기관 연계	지자체 직접 운영	공공 운영 및 지자체 직접 관리
7	재정 지원	지자체 예산 지원 및 민간 기부금 유치 가능	지자체 재정 지원, 국비 프로그램 지원 가능	지자체 예산 및 공모사업 지원
8	안전 관리	시설 내 안전점검 의무화, 응급상황 대응 매뉴얼 운영	연간 안전점검 의무화, 긴급 상황 대응 교육 실시	응급 상황 대응 시스템 구축, 정기 점검 실시

AI에게 질문을 해서 답변을 얻는 과정은 조각가가 예술작품을 조각하는 것과 같습니다. 질문에 질문을 거듭하여, 돌려 깎고 다듬어야 완성도 있는 결과물이 나옵니다. 질문을 두려워하지 말고, 계속해서 원하는 답이 나올 때까지 물어보세요. 질문을 거듭하다 보면 더 나은 질문을 하는 법도 익히게 됩니다. AI 시대를 선도하는 사람은 바로 '질문을 잘하는 사람'입니다.

3. 조례 초안 작성하기

이제 살펴본 조례를 바탕으로 실제 조례를 작성해 보겠습니다. 조례의 예시 구조를 정해 주고, 앞서 살펴본 여러 조례들의 장점을 토대로 AI에게 조례를 만들도록 지시해 봅시다.

챗GPT에게 다음과 같이 질문하였습니다.

> ❓ 위에서 조례들을 분석한 것을 토대로 '○○구 청소년 문화시설 설치 조례'를 주어진 구조에 맞게 조문을 작성해 줘.
>
> 〈구조〉
> 제1장 총칙 // - 목적 / - 정의 / - 적용범위
> 제2장 시설 설치 // - 설치기준 / - 시설기준
> 제3장 운영관리 // - 운영방법 / - 위탁관리 / - 이용료
> 제4장 보칙

이렇게 물어보니 챗GPT가 다음과 같은 답변을 완성하였습니다.

> 「○○구 청소년 문화시설 설치 및 운영 조례」(교정본 초안)
>
> 제1조(목적) 이 조례는 청소년의 건전한 성장과 복지 증진을 위하여 ○○구 내

청소년 문화시설의 설치 및 운영에 관한 사항을 규정함을 목적으로 한다.

제2조(정의) ① "청소년 문화시설"이란 청소년의 문화 활동, 여가 활용 및 자율적 학습을 지원하기 위하여 설치된 시설을 말한다.

② "청소년"이란 만 9세 이상 24세 이하의 사람을 말한다.

③ "운영 주체"란 본 조례에 따라 청소년 시설을 설치·운영하는 기관, 단체 또는 위탁받은 법인을 말한다.

제3조(적용 범위) 이 조례는 ○○구 내 설치된 청소년 문화시설과 관련된 운영 및 관리 전반에 적용된다.

제4조(설치 기준) ① ○○구는 청소년의 문화 활동 증진을 위하여 필요에 따라 청소년 문화시설을 설치할 수 있다.

② 청소년 문화시설은 지역 내 청소년 인구 및 근린 환경을 고려하여 설치하여야 한다.

제5조(시설 기준) 청소년 문화시설은 청소년이 자유롭게 이용할 수 있도록 개방적인 공간으로 조성되어야 하며, 안전하고 적절한 환경을 조성하기 위해 위생 및 안전 관리 기준을 준수하여야 한다. 주요 시설로는 강의실, 공연장, 체험실, 상담실, 개방 공간 등을 포함하여야 한다.

제6조(운영) 청소년 문화시설은 공공 운영을 원칙으로 하며, 필요시 민간단체 또는 전문가에게 운영을 위탁할 수 있다. 운영 프로그램은 청소년의 요구를 반영하여 다양한 문화예술 진로 체험 프로그램을 포함하여야 한다.

제7조(운영 관리) ○○구는 청소년 문화시설의 효율적인 운영을 위하여 공공기관, 민간단체 또는 청소년 관련 인사에게 시설 운영을 위탁할 수 있다. 위탁 운영 시 운영 기관은 시설 운영 및 관리에 대한 책임을 지며, 구청과

의 협약을 통해 구체적인 운영 방안을 마련하여야 한다.

제8조(이용료) 청소년 문화시설의 이용료는 원칙적으로 무료로 하되, 일부 프로그램에 대해서는 실비 수준의 이용료를 부과할 수 있다. 이용료 부과 시 구청장은 청소년의 경제적 여건을 고려하여 감면 또는 면제할 수 있는 기준을 마련하여야 한다.

제9조(시설 관리) 청소년 문화시설은 정기적인 안전 점검을 실시하고, 위급 상황 발생 시 대응할 수 있도록 필요한 조치를 마련하여야 한다.

제10조(재정 지원) ○○구청장은 청소년 문화시설의 원활한 운영을 위하여 예산을 편성하여 지원할 수 있으며, 필요시 민간 기부금 및 후원금을 조성하여 운영 자원으로 활용할 수 있다.

제11조(시행규칙) 이 조례의 시행에 필요한 사항은 ○○구청장이 따로 정할 수 있다.

위와 같이 비교적 완성도 높은 조례안을 생성해 줍니다. AI는 이 프롬프트 전에 생성한 내용을 토대로 조례안을 생성한 것이기에 앞선 질문들이 반영된 결과물이 나오게 됩니다. 이처럼 AI는 조례 제정 업무를 더욱 효율적이고 정확하게 만들어 주는 든든한 보좌관이 될 수 있습니다. AI를 활용하면 방대한 자료를 빠르게 분석하여 모범 사례와 개선점을 도출할 수 있으며, 그 결과를 토대로 맞춤형 초안을 작성하는 데 큰 도움을 받을 수 있습니다. 이를 통해 지방의원들은 객관적이고 효율적인 의정활동을 펼칠 수 있으며, 조례 제정·개정이라는 기본 업무 이상의 심화된 의정활동을 추구함으로써 주민 삶의 질 향상에 기여하는 정책을 마련할 수 있습니다.

다만, 이 결과를 그대로 사용할 수도 있지만, 다각도로 검토하여 개선할 점을 반영하는 과정을 거쳐 완성도를 더 높이는 노력을 하는 것도 필요합니다. AI는 보조 수단임을 잊지 마시고, 최종적인 판단과 결정은 의원님들의 전문성과 경험을 바탕으로 이루어져야 한다는 것을 잊지 말아주시기 바랍니다.

2절. 예산안 · 결산안 심의

예산안 심의는 우리 지역의 재정 운용이 합리적이고 투명하게 이루어지는지 확인하는 지방의원의 핵심 업무 중 하나입니다. 그런데 방대한 예산안 서류와 여러 부서에서 제출하는 다양한 자료를 모두 깊이 있게 검토하기란 쉽지 않습니다. 이때 AI가 여러분의 든든한 조력자가 될 수 있습니다. AI를 활용하여 예산안을 심의하는 구체적인 방법과 활용 방안을 실제 사례를 통해 살펴보겠습니다.

1. AI를 활용한 예산안 심의의 필요성

1) 시간과 노력의 효율화

AI는 수많은 예산 내역과 지출 데이터를 신속하게 분석하여, 반복적이고 세부적인 검토 업무를 자동화합니다. 이를 통해 의원 여러분은 좀 더 중요한 정책 논의와 의정활동에 집중할 수 있습니다.

2) 객관적 분석 제공

AI는 데이터 기반의 분석을 통해 각 부서의 예산 집행 패턴, 이상 징후, 효율성 등을 객관적으로 평가합니다. 이를 바탕으로 불필요한 지출이나 개선이 필요한 부분을 미리 파악할 수 있습니다.

3) 예측 및 시뮬레이션

과거 예산 집행 결과와 현재의 재정 상황을 토대로, AI는 향후 예산 사용의 예상 결과를 시뮬레이션합니다. 이를 통해 앞으로의 재정 운용 방향을 체계적으로 검토할 수 있습니다.

2. 예산안·결산안 심사에 유용한 AI 도구

예산 심사에 AI를 활용하면 단순히 데이터를 분석하는 것에서 그치지 않고, 심화된 분석 결과를 제공받을 수 있습니다. 특히 챗GPT와 웍스AI, 퍼플렉시티 같은 도구를 활용하면 예산안과 결산안 심사를 더욱 정밀하게 수행할 수 있습니다.

1) 챗GPT를 활용한 예산안·결산안 심사

챗GPT는 자연어 처리 기술을 기반으로 한 AI 챗봇으로, 예산 분석, 보고서 작성, 질의응답 지원 등에 활용할 수 있습니다.

우선 챗GPT를 예산안·결산안 요약 및 해석을 위해 활용할 수 있습니다. 예를 들어 PDF 파일로 된 2025년도 예산(안) 자료를 챗GPT에 탑재하고, "2024년 예산안에서 교육 관련 항목을 요약해 줘"라고 입력하면 간략하게 정리된 핵심 내용을 빠르게 받아 볼 수 있습니다. 혹은 "지난 3년간 ○○ 부서의 예산 증가율을 분석해 줘"라고 요청하면 챗GPT가 패턴을 분석해 줍니다.

지난 3년간의 예산안을 업로드하고 분석하는 데 약간의 시간이 더 소요될 테지만, 고작해야 몇 분을 넘기지 않습니다. 만약 AI의 도움 없이 3년간의 자료를 분석한다면, 몇 날 며칠이 걸릴 수도 있는 작업량입니다.

경기도 한 기초 지자체의 예산안 파일을 업로드하고 "예산안의 주요 내용을 분석해 보고서를 작성해 달라"고 챗GPT에게 요구해 보았습니다. 분석 보고서를 다음과 같이 순식간에 작성해 줍니다.

❓ **이 예산안의 주요 내용을 분석해 보고서를 작성해 줘.**

◎ **2025년도 예산안 분석 보고서**

1. 개요

본 보고서는 2025년도 ○○시 예산안의 주요 내용을 분석하고, 세입 및 세출 구조, 재정 전망, 정책 방향 등을 종합적으로 검토하여 향후 재정 운영에 대한 시사점을 도출하는 것을 목적으로 한다.

2. 2025년도 재정 전망

2.1 세입 여건

▶자체 수입: 부동산 시장 둔화 및 국세 수입 저조로 인해 지방세 수입이 제한적일 것으로 예상됨.
▶세외 수입: 체납징수 강화 및 지방세외수입 운영 내실화 등을 통한 점진적 확대 예상.
▶이전 수입: 단기적으로 국세 수입 저조로 인해 감소 우려가 있으나, 장기적으로 경제 성장에 따른 완만한 증가 전망.

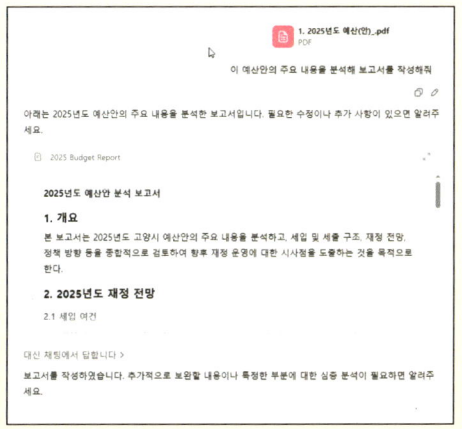

〈그림6〉 예산안 분석 보고서 결과 화면

2.2 세출 여건
▶증가 요인: 저출산 및 고령화로 인한 복지 지출 증가, 지역경제 회복 지원, 성장동력 확보를 위한 투자 확대 필요.
▶감소 요인: 지출 효율화를 위한 불요불급 사업 조정, 교육 재정과 복지 재정 간의 균형 조정 필요.

3. 예산 규모 및 구조

3.1 총예산 규모
▶2025년도 예산 총액: 3조 3405억 원

▶ 전년 대비 5.49% 증가

▶ 일반회계: 2조 8096억 원 (84.1%)

▶ 특별회계: 5309억 원 (15.89%)

3.2 주요 세입 구성

▶ 지방세 수입: 7722억 원 (23.1%)

▶ 세외 수입: 3740억 원 (11.2%)

▶ 지방교부세 및 조정교부금: 5280억 원 (15.8%)

▶ 보조금: 1조 2752억 원 (38.2%)

3.3 주요 세출 구성

▶ 사회복지 및 보건: 고령화 및 취약계층 보호를 위한 지원 확대.

▶ 지역경제 활성화: 기업 이전 지원, 창업 촉진, 인프라 투자.

▶ 교육 및 인재 육성: 학령인구 감소에 대응한 교육환경 개선 투자.

▶ 재난관리 및 안전: 지역사회 안전망 강화를 위한 예산 배정 증가.

4. 2025년도 예산편성 기본방향

▶ 건전하고 효율적인 재정운용: 불필요한 지출을 줄이고 세입 기반 확충 노력 강화.

▶ 민생 안정 및 지역경제 활성화: 서민경제 지원 및 지역 경제 성장 촉진.

▶ 미래 성장동력 확보: 기업 유치 및 산업 발전을 위한 투자 확대.

▶사회적 약자 보호 및 지역사회 안전 강화: 취약계층 지원 및 재난 대응 역량 강화.

5. 결론 및 시사점

▶경제 성장 및 세입 확대를 위한 전략적 투자 필요.
▶효율적인 지출 구조 조정을 통한 재정 건전성 유지 필수.
▶지역 경제 및 복지 수요 변화에 맞춘 탄력적인 예산 운영이 요구됨.

이 보고서는 2025년도 고양시 예산안의 주요 내용을 요약한 것으로, 향후 세부적인 재정 운영 방안에 대한 추가적인 분석이 필요할 수 있음.

'쌀로 밥 짓는 얘기'같이 뾰족한 부분이 없고, 밋밋하지요? 당초의 질문이 너무 포괄적이었기 때문입니다. 질문을 구체적으로 하면 결과물도 훨씬 구체성을 띠게 됩니다. 예를 들어, "농업기술센터 예산에서 국비, 도비 매칭이 아닌 사업들 중에서 예산이 증가된 항목을 뽑아 줘."와 같이 구체적으로 물어보면 그에 따른 구체적인 결과물이 생성됩니다. 여기서도 핵심은 질문하는 사람이 무엇을 기대하며 물어볼 것인가 하는 것입니다. 의원 자신의 방향성이 있으면 원하는 답변을 얻기가 훨씬 수월해집니다. 한마디로 질문도 '뭘 알아야' 할 수 있는 것입니다.

2) 웍스 AI(WORKS AI)를 활용한 예산안 검토

웍스 AI는 기업 및 공공기관에서 활용할 수 있도록 최적화된 AI로, 보도자료 작성, 민원 응대, 데이터 분석 등 다양한 기능을 제공합니다.

예산안 데이터 분석 및 보고서를 자동 생성하도록 하려면, 물론 '웍스 AI 공식 비서'에서 '신중한 똑쟁이 비서'를 활용할 수도 있지만, 저는 '문서 파일 검토 비서'를 활용하기를 권합니다.(다시 한 번 말씀드리지만, 꼭 앱을 설치해 직접 해 보시기 바랍니다. 글로 여러 번 읽는 것보다 한 번 해 보는 것이 훨씬 도움이 됩니다.)

'문서 파일 검토 비서'를 열고 PDF 형식으로 된 예산안 파일을 업로드 하세요. 그리고 프롬프트 창에 "이 예산안의 주요 내용을 분석해 보고서를 작성해 줘"라고 입력하면 상세한 분석이 포함된 보고서를 생성합니다.

> ❓ 이 예산안의 주요내용을 분석해 보고서를 작성해 줘
>
> ✦ 2025년도 예산안을 기반으로 주요내용을 분석한 보고서를 아래와 같이 작성하였습니다.
>
> **[2025년도 예산안 분석 보고서]**
>
> 1. 전반적 예산안 편성 개요
> 2025년도 예산안은 재정건전성 강화와 미래 성장동력 확보를 주요 목표로 설정하고 민생 현장과 지역 경제 활력 제고를 위한 다양한 프로그램에 투

자하였습니다.

2. 예산 편성 방향
▶건전 재정 기조 유지
　▷전반적인 효율적 재정 운용을 통해 지속 가능한 재정 확립이 목표.
▶미래 성장동력 확보
　▷인구구조 변화에 대응하고, 전략산업 육성과 교육 여건 개선에 우선 투자.
▶안전한 사회 조성
　▷약자복지 강화와 재난관리 역량 향상에 초점을 맞춤.

3. 주요 투자 및 변화
▶사회복지 부문
　▷노인복지 및 취약계층 보호에 2025년에도 상당한 규모의 예산을 배정.
　▷노인복지시설 확충은 98.99% 증가하며, 사회복지 분야에 큰 비중을 차지.
▶지역경제 활성화
　▷구도심 도시재생사업에 대한 예산 증가율이 687%로 매우 큰 점이 두드러짐.
　▷중소기업 및 전략산업 육성에 집중하며, 127.65% 예산 증가에 투자.
▶교통과 도시 인프라

▷대중교통 시스템 개선 및 친환경적 교통에 큰 예산이 편성됨.

4. 미래 성장 및 환경 분야
▶그린에너지 보급과 환경 유지
  ▷환경 보호 활동과 친환경 자동차 보급 등에 18.71% 증액된 예산이 포함됨.
▶문화 및 유산 보전
  ▷전통사찰 보조와 도서관 장서 확충 등에서 600% 이상 증가한 예산 또한 눈에 띔.

5. 재정 전망
  ▶지방 소득세 감소 및 세외수입 증가 기대로 예산 전략이 조정되었음. 하지만 부동산 시장 둔화로 인한 재정 수입 감소는 도전 과제로 남음.

이 보고서는 주요 초점, 투자 방향, 변화한 항목별 상세 수치를 근거로 작성되었습니다. 추가로 세부 사항이 필요하면 말씀해 주세요

이 보고서 결과를 토대로 더 상세한 부분을 질문할 수도 있습니다. 구체적으로 "예산안에서 전년대비 증감율이 100% 이상인 내용을 추려줘."라고 하면 다음과 같은 결과를 보여 줍니다.(《그림7》 참조)

만약 파일이 PDF 파일이 아니라 엑셀 파일일 경우 '데이터 분석 비서'에 업로드하고 여러 가지 질문을 할 수도 있습니다. 또한, 여기서는 데이

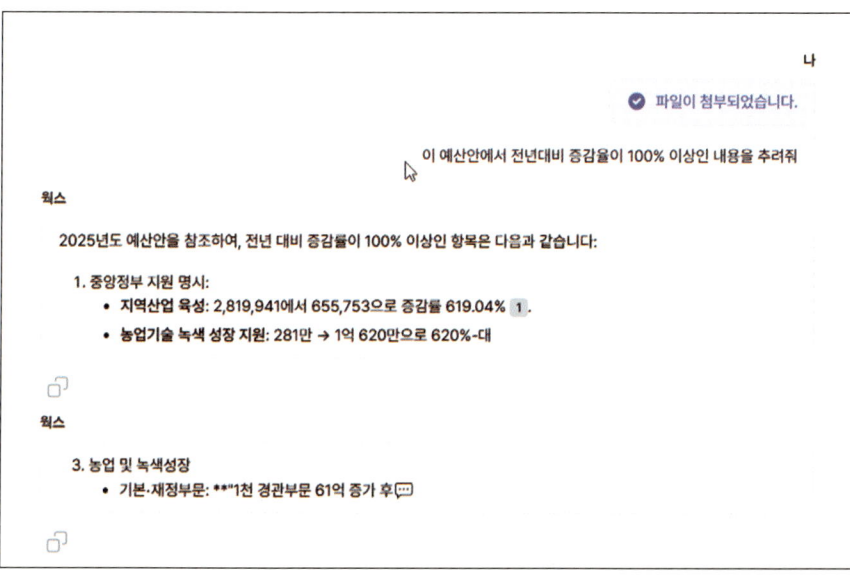

〈그림7〉 웍스 AI 프롬프트 예시

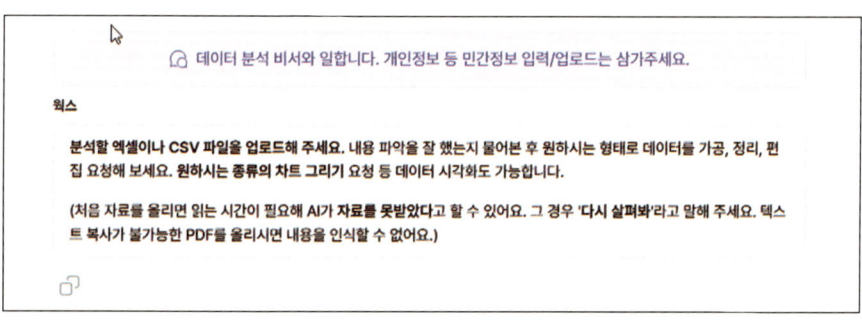

〈그림8〉 엑셀 파일을 데이터 분석 비서에 업로드할 수 있습니다

터를 가공해 차트를 그리는 등 데이터 시각화를 할 수 있습니다.

혹은 유사한 지자체의 예산안과 비교하여 적절한 예산 편성인지를 검토해 달라고 요구할 수도 있습니다. 이 웍스 AI는 공공기관 및 기업 환경에 최적화되어 있으며, 데이터 시각화 기능이 지원되고, 자동화된 보고서 및 분석 기능 또한 제공하고 있습니다.

3) 퍼플렉시티(Perplexity)를 활용한 예산안 · 결산안 심사

퍼플렉시티는 인터넷 검색과 AI 챗봇 기능을 결합한 도구로, 신뢰할 수 있는 정보를 기반으로 한 답변을 제공합니다. 질의에 대한 단순한 응답뿐만 아니라, 최신 데이터를 검색하고 요약해 주는 기능이 강점입니다.

퍼플렉시티는 최신 데이터 검색이 가능합니다. 그러므로 인터넷을 실시간으로 검색하여 최신 정보를 제공합니다. 또한, 제공하는 답변의 출처를 명확하게 제시하여 신뢰도를 높입니다. AI의 가장 큰 위험 요소라고 할 수 있는 할루시네이션에 속지 않도록 하는 좋은 수단을 가지고 있는 셈입니다. 텍스트뿐만 아니라 표, 차트, 보고서 등의 다양한 형식의 자료를 분석할 수 있다는 것도 장점입니다.

〈그림9〉에서 보이는 바와 같이 퍼플렉시티는 관련 도표나 참고할 자료들을 동시에 제공합니다. 오른쪽에 생성된 그림들 하나하나를 찾아 들어가 보면 관련 기사나 자료들이 있어서 좀 더 깊이 있는 내용을 검토하고 자료를 취득할 수 있습니다.

여기에 덧붙여 이어질 꼬리 질문들도 제공합니다. 추가적으로 어떤 질문들을 더 할 수 있을지 이 꼬리 질문들을 쫓다 보면 더 심화된 분석을 할 수도 있으니 활용해 보면 좋겠습니다.

추가로 진행할 수 있는 질문을 예시하면 다음과 같습니다.

"다른 지자체에서는 청년 일자리 예산을 어떻게 사용하고 있나?"

"복지 예산이 전년도 대비 증가했는데, 이에 대한 전문가들의 평가는?"

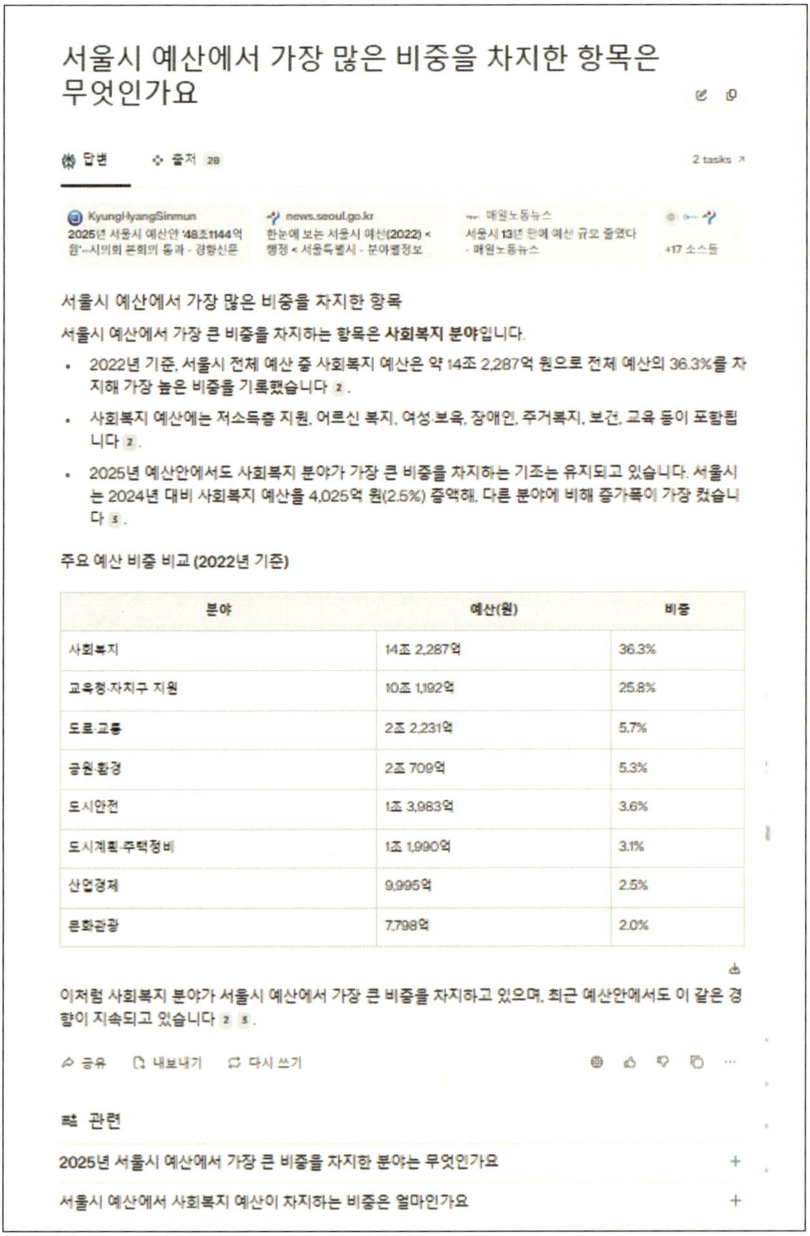

서울시 예산에서 가장 많은 비중을 차지한 항목은 무엇인가요

답변 ◇ 출처 28 2 tasks ↗

- KyungHyangSinmun 2025년 서울시 예산안 '48조1144억 원'…시의회 본회의 통과 - 경향신문
- news.seoul.go.kr 한눈에 보는 서울시 예산(2022) < 행정 < 서울특별시 - 분야별정보
- 매일노동뉴스 서울시 13년 만에 예산 규모 줄였다 - 매일노동뉴스
- +17 소스들

서울시 예산에서 가장 많은 비중을 차지한 항목

서울시 예산에서 가장 큰 비중을 차지하는 항목은 **사회복지 분야**입니다.

- 2022년 기준, 서울시 전체 예산 중 사회복지 예산은 약 14조 2,287억 원으로 전체 예산의 36.3%를 차지해 가장 높은 비중을 기록했습니다 [2].
- 사회복지 예산에는 저소득층 지원, 어르신 복지, 여성 보육, 장애인, 주거복지, 보건, 교육 등이 포함됩니다 [2].
- 2025년 예산안에서도 사회복지 분야가 가장 큰 비중을 차지하는 기조는 유지되고 있습니다. 서울시는 2024년 대비 사회복지 예산을 4,025억 원(2.5%) 증액해, 다른 분야에 비해 증가폭이 가장 컸습니다 [3].

주요 예산 비중 비교 (2022년 기준)

분야	예산(원)	비중
사회복지	14조 2,287억	36.3%
교육청·자치구 지원	10조 1,192억	25.8%
도로·교통	2조 2,231억	5.7%
공원·환경	2조 709억	5.3%
도시안전	1조 3,983억	3.6%
도시계획·주택정비	1조 1,990억	3.1%
산업경제	9,995억	2.5%
문화관광	7,798억	2.0%

이처럼 사회복지 분야가 서울시 예산에서 가장 큰 비중을 차지하고 있으며, 최근 예산안에서도 이 같은 경향이 지속되고 있습니다 [2][3].

↗ 공유 ↪ 내보내기 ↻ 다시 쓰기

🔖 관련

2025년 서울시 예산에서 가장 큰 비중을 차지한 분야는 무엇인가요 +

서울시 예산에서 사회복지 예산이 차지하는 비중은 얼마인가요 +

〈그림9〉 퍼플렉시티 활용 화면. 도표 등 이미지 자료도 함께 생성하여 보여준다.

> 이는 다른 분야의 예산과 비교했을 때 상당히 높은 비중입니다. 예를 들어, 도로·교통 예산은 2조 2,231억 원(5.7%), 공원·환경 예산은 2조 709억원(5.3%)에 불과합니다 1.
>
> 2020년 기준으로도 사회복지 예산은 12조 8,904억원으로, 공원환경(2조 6,849억원)이나 도로교통(2조 4,131억원) 예산보다 훨씬 큰 규모를 차지했습니다 3.
>
> 이러한 예산 구조는 서울시가 복지 정책에 높은 우선순위를 두고 있음을 보여줍니다. 특히 저소득층 지원, 노인 복지, 보육 지원 등에 많은 예산을 할당하고 있어, 시민들의 삶의 질 향상과 사회 안전망 구축에 중점을 두고 있는 것으로 보입니다.
>
> 관련
> 사회복지 예산이 가장 큰 이유는 무엇인가요
> 문화관광 예산이 비교적 작을 이유는 무엇인가요
> 산업경제 예산이 증가하고 있는 이유는 무엇인가요
> 도시안전 예산이 증가하고 있는 이유는 무엇인가요
> 도로·교통 예산이 증가하고 있는 이유는 무엇인가요

〈그림10〉 연관되는 질문을 계속해서 물으면, 더 심화되고 전문화된 답을 얻을 수 있다.

"최근 5년간 경기 지역의 문화예산 지출 변화 분석해 줘"

위와 같은 요구에 대하여 퍼플렉시티는 공공 데이터베이스들을 검색하고 자동으로 분석하여 통계를 제공할 것입니다.

AI를 활용한 예산안·결산안 심사는 이제 선택이 아니라 필수입니다. 특히 퍼플렉시티는 최신 정보 검색과 분석에 강점을 가지고 있어 지방의원들이 좀 더 정확하고 객관적인 의정활동을 수행하는 데 큰 도움이 될 것입니다.

4) 퍼플렉시티 vs. 챗GPT vs. 웍스 AI 비교

예산안이나 결산안 심사를 위해 AI를 이용할 때 어떤 AI를 활용하면 좋을까요? 각각의 AI 도구가 나름의 특장점이 있으니 다양하게 활용해 보실 것을 추천 드립니다.

챗GPT는 예산 분석을 위한 보고서 초안을 작성할 때 유용하고, 웍스 AI는 공공기관 맞춤형 데이터 분석 및 시각화에 능숙합니다. 또한, 퍼플렉시티는 최신 데이터를 검색하고, 정책 사례 및 전문가 의견을 분석할 때 강점이 있습니다.

이러한 특성을 이해하고 퍼플렉시티 + 챗GPT + 웍스 AI를 적재적소에 활용하면 더욱 강력한 예산 심사 시스템을 구축할 수 있습니다!

기능	퍼플렉시티	챗GPT	웍스 AI
최신 데이터 검색	실시간 검색 가능	제한적(고정된 데이터)	데이터 업데이트 필요
출처 기반 답변	명확한 출처 제공	출처 없이 추론	자체 데이터 분석
예산 데이터 분석	외부 보고서 활용	질의응답 가능	데이터 기반 분석
자동화된 보고서 생성	검색 기반 요약 가능	텍스트 생성 가능	데이터 시각화 및 보고서 제공
공공기관 최적화	정부·공공 데이터 검색 가능	일반 AI	공공기관 맞춤형

3절. 행정사무감사

지방의원으로서 행정사무감사는 우리 지역의 행정 업무가 법령에 맞게, 효율적으로 운영되고 있는지 점검하는 중요한 일입니다. 하지만 방대한 행정 자료와 복잡한 업무 절차를 모두 꼼꼼히 확인하는 일은 쉽지 않습니다. 이때 AI의 활용이 여러분의 행정사무감사를 업그레이드해 줄 수 있습니다. 실제 사례의 예시를 통해 AI를 활용한 행정사무감사의 방법과 그 활용 방안을 자세히 알아보겠습니다.

1. 행정사무감사 자료 요구

행정사무감사를 시행할 때 가장 중요한 절차는 바로 자료 요구입니다. 어떤 문제를 제기할 것인지, 그를 위해 어떤 자료를 요구할 것인지 첫 단추가 됩니다. 행정사무감사 업무의 절반이 자료 요구라고 해도 과언이 아닙니다.

적절한 자료 요구를 하기 위해서는 '문제의식'이 만들어져야 합니다. 만일 행정사무감사를 10월에 한다면 적어도 8월 말이나 9월 초에는 행정사무감사 준비를 시작해야 하고, 자료 요구를 위한 사전 조사를 시작해야 합니다. 자료 요구를 하기 전에 지자체 관련 직군의 현장 활동가, 노조 등과 간담회를 한다거나, 주민 간담회를 통해 이번 회기에 집중할 문제를 정리하는 과정이 필요합니다. 저는 지방의원으로 있을 때 '행정사무감사 제보 받습니다'라는 현수막을 건 적도 있습니다.

간담회나 제보에서 별다른 소득이 없다면 몇 년간에 걸쳐서 지속적으로 제기되었던 문제들을 확인해 보는 것도 필요합니다. 하나의 사안이 몇 년에 걸쳐 계속 제기되었다면, 그 사안이 해결되지 않았다는 뜻이고, 지역의 고질적인 문제일 가능성이 큽니다. 따라서 그 대안을 마련하는 것은 매우 중요합니다. AI와 함께 다음과 같이 진행해 볼 수 있습니다.

웍스 AI를 이용해 봅시다. 웍스 AI에서 '웍스 AI 공식 비서'에 있는 '문서 파일 검토'를 이용합니다. '문서 파일 검토 비서'를 누르면, 다음과 같은 안내가 나옵니다.

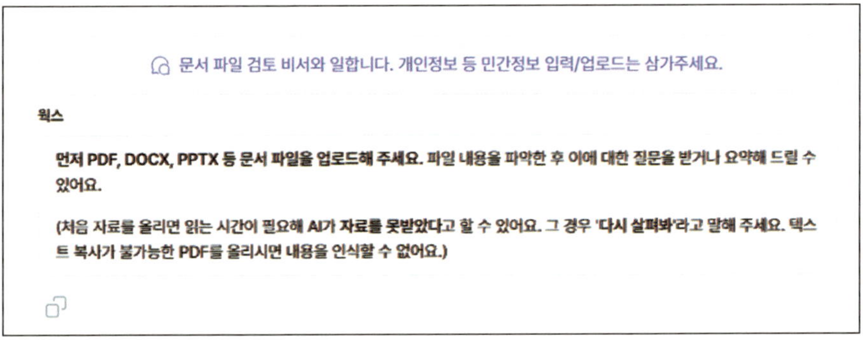

> 문서 파일 검토 비서와 일합니다. 개인정보 등 민간정보 입력/업로드는 삼가주세요.
>
> 웍스
> 먼저 PDF, DOCX, PPTX 등 문서 파일을 업로드 주세요. 파일 내용을 파악한 후 이에 대한 질문을 받거나 요약해 드릴 수 있어요.
>
> (처음 자료를 올리면 읽는 시간이 필요해 AI가 자료를 못받았다고 할 수 있어요. 그 경우 '다시 살펴봐'라고 말해 주세요. 텍스트 복사가 불가능한 PDF를 올리시면 내용을 인식할 수 없어요.)

〈그림11〉 웍스 AI '문서 파일 검토 비서'를 클릭한 초기 화면

PDF, DOCX, PPTX 등의 파일을 업로드 할 수 있습니다. 웍스 AI의 아쉬운 점이라고 한다면 한글 문서(HWP, HWPX)가 지원되지 않는 것입니다. 웍스 AI에 한글 파일을 업로드하면 '지원하지 않는 파일'이라고 합니다. 이럴 경우 한글 파일을 PDF 파일로 변환하여 업로드하면 됩니다. 길이 없다면 만들면 되는 것이지요. 방법은 항상 있습니다.

최근 3년간의 행정사무감사 결과보고서를 AI에 업로드하고, 2번 이상 지적되었던 사항들을 추려 달라고 해 보세요.

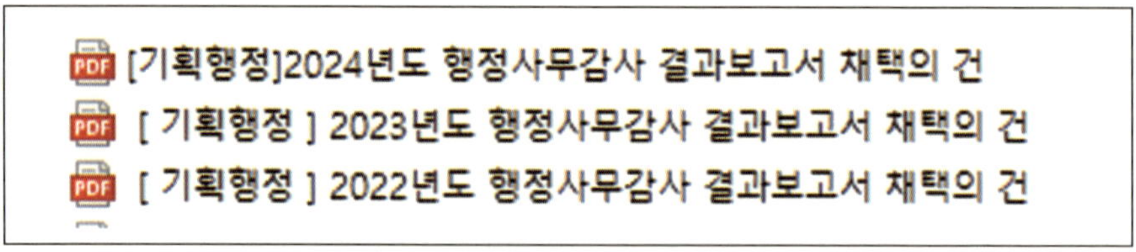

```
📄 [기획행정]2024년도 행정사무감사 결과보고서 채택의 건
📄 [ 기획행정 ] 2023년도 행정사무감사 결과보고서 채택의 건
📄 [ 기획행정 ] 2022년도 행정사무감사 결과보고서 채택의 건
```

〈그림12〉 웍스 AI '문서 파일 검토 비서'에 업로드한 PDF 파일

"이 세 보고서에서 2번 이상 지적된 사항들을 찾아 줘."

그러면 다음과 같은 결과물이 생성됩니다. 이에 대한 자료를 다시 요구해 볼 수 있을 것입니다. 이렇게 하면 지속적으로 문제가 발생하는 분야를 빠르게 확인할 수 있고, 해당 부서에 대한 추가적인 자료 요구를 진행할 근거를 확보할 수 있습니다.

> ✦ 다음은 제공받은 세 보고서에서 2번 이상 반복적으로 지적된 주요 사항들입니다:
>
> 1. 장애인 관련 관리 소홀
> ▶장애인 자동차 표지의 엄격한 관리가 부족하며 관리 소홀 문제는 반복적으로 나타나고 있습니다.
> ▶장애인 재판정 업무와 관련된 관리 소홀도 지속적으로 지적되었습니다.
>
> 2. 동일/중복 체육 종목 지원 및 비인기 종목 소외
> ▶특정 인기 체육 종목에만 지속적으로 예산 지원이 이루어졌으며, 비인기

종목은 소외된다는 점이 반복적으로 지적되었습니다. 이에 대해 공정하고 투명한 선정 프로세스를 강화할 것을 요청받았습니다.

3. 동 행정복지센터의 반복적인 감사 지적사항
▶장애인 재판정 업무, 기초생활보장 양곡관리, 주민등록증 관리 등에서 반복적으로 문제점이 발생하는 것으로 나타났습니다.

4. 행정자료와 정보 관리 부주의
요청된 자료의 체계적 정리가 부족하고, 필요한 시기가 되어도 어떤 자료를 어떻게 요청할지 명확하지 않다는 점에서 비판받고 있습니다.

5. 직능단체 및 자율방범대 관련 활동 중복과 비효율
자율방범대와 같은 직능단체들의 역할이나 기능이 중복되는 문제가 반복적으로 확인되었으며, 활동 부족도 문제로 지적되었습니다.

이 외에도 특정 사항들은 한 번 이상의 감사보고에서 거듭 논의되고 있으며, 대부분 공정성, 투명성, 효율성 강화를 위한 개선 요청이 주를 이루고 있습니다. 추가적으로 필요한 특정 항목이 있다면 말씀해 주세요.

최근 3년간의 감사 지적 사항을 분석한 결과, 도시계획과 관련된 특정 사업이 매년 예산 집행 부진으로 인해 반복 지적되었음을 확인할 수 있습니다. 이를 토대로 해당 사업의 집행률, 예산 집행 내역, 부서별 의견

조율 과정 등의 자료를 요구하여, 근본적인 문제를 파악하여 시정 요구 또는 개선책 반영을 요구할 수 있습니다.

2. 공공데이터 연계

단순히 행정사무감사 자료를 분석하는 것뿐만 아니라, 공공 데이터를 활용해 문제를 더욱 명확하게 설정할 수도 있습니다.

예를 들어, 정부의 공공 데이터 포털(Open Data Portal)이나 지자체의 통계 시스템에서 데이터를 가져와 AI로 분석하면, 정책의 실효성을 좀 더 객관적으로 평가할 수 있습니다.

청년 일자리 지원 사업의 성과를 점검해야 한다는 문제 설정이 되었다고 가정해 보겠습니다. 최근 3년간의 청년 실업률 데이터를 확보한 뒤, 행정사무감사 요구 자료와 함께 AI에 업로드하여 분석합니다.

그 결과, '청년 실업률이 줄었다고 보고되었지만, 실제로는 자영업 폐업률이 높아져 기존 고용 데이터가 왜곡될 수 있음'을 발견합니다. 이를 바탕으로 실질적인 청년 일자리 정책의 문제점을 지적하고, 추가 자료 요구를 진행합니다.

3. 업무보고 파일 활용

AI는 여러 해 동안의 정책 변화를 분석하여, 새롭게 추진된 사업과 기존 사업의 변화점을 한눈에 정리하는 데 유용합니다.

행정기관이 제출한 업무보고 파일을 AI에 업로드하고 "올해 신규 사업들을 정리해 줘"라고 요청하면, AI가 신규 사업 목록을 자동으로 정리해 줍니다. 신규 사업의 예산 배정, 사업 목적, 실행 계획 등을 집중적으로 검토하여 추가 자료 요구를 할 수 있습니다.

예를 들어, 올해의 업무보고 파일을 AI로 분석한 결과, 작년과 비교해 ○○ 영역의 복지 사업의 예산이 급감한 것을 발견합니다. 이에 대한 추가 자료를 요구하며, 해당 사업이 축소된 이유·예산이 삭감된 과정과 대체 사업 여부·복지 대상자들의 의견 수렴 과정 등을 질의하여, 정책 결정 과정의 투명성을 높이고 복지 업무의 지속성을 제고하도록 요구할 수 있습니다.

4. AI 기반 행정사무감사 질문 리스트 생성

AI는 방대한 자료 속에서 패턴을 찾아줄 뿐만 아니라, 자료를 기반으로 질문 리스트를 자동 생성하는 데에도 활용할 수 있습니다.

예를 들어, AI에게 행정사무감사 자료, 이전 행정사무감사 결과보고, 공공 데이터를 업로드하고 "이 자료에서 추가로 질문할 사항을 추천해 줘"라고 요청하면, AI는 이전 감사에서 지적된 유사한 문제, 자료 속에서 일관되지 않은 부분, 다른 지역과 비교했을 때 특이한 점 등을 기반으로 추가 질문 리스트를 정리해 줄 수 있습니다.

교통 관련 예산 내역을 AI로 분석한 결과, 특정 지역의 버스 운행 횟수가 예산 증가에도 불구하고 오히려 감소한 것을 발견합니다. AI는 이에 대해 ①예산 증액의 이유와 운행 횟수 감소의 관계 ②해당 예산이 실제로 사용된 내역 ③시민들의 교통 불편 신고 증가 여부 등의 질문을 자동으로 정리해 주고, 이를 기반으로 행정사무감사에서 추가 자료 요구와 추가 질문 등을 통해 효율적으로 문제를 제기할 수 있습니다.

위의 몇 가지 예시에서 살펴본 대로, AI를 활용하면 효율적이고 정확하게 행정사무감사를 준비할 수 있습니다. 단순한 자료 분석을 넘어, 문제의식 정립, 공공 데이터 연계, 주민 민원 반영, 신규 사업 검토, 질문 리스트 작성 등 다양한 방식으로 활용할 수 있습니다.

이제 행정사무감사는 단순한 자료 검토에서 끝나지 않습니다. AI라는 강력한 도구를 활용하여, 좀 더 체계적이고 객관적인 감사가 가능해지고, 근본적인 문제를 파악하여 풍부한 대안 제시도 가능해지게 됩니다.

스마트한 행정사무감사, 이제 AI와 함께 진행해 보세요!

4절. 시정 질문, 5분 발언

지방자치단체 단체장을 대상으로 시정 질문을 하거나 5분 발언을 하는 것은 매우 중요합니다. 하지만, 막상 시정 질문이나 5분 발언문을 작성하다 보면 막막하기만 합니다. 어떻게 시작할지, PPT는 어떻게 구성해야 할지, 핵심 발언은 무엇으로 할지 쉽게 풀리지 않습니다. 일단 시작을 해도 구상을 구체화하는 데 한참의 시간이 걸리곤 합니다. 이제 AI를 활용하면 그 어려운 시작을 쉽게 할 수 있습니다.

우선 가장 간편하게 시정 질문이나, 5분 발언을 준비하는 법을 알려드리겠습니다. 단 5초 안에 만드는 5분 발언 초안입니다.

지방의원들이 쓰기에 최적화되어 있는 웍스 AI를 이용하는 경우를 상

〈그림13〉 웍스 AI의 '업무' 영역 화면

정해 보겠습니다.

　웍스 AI 창을 처음 열면 주요 영역별로 아이콘들이 있습니다. 이 중 '업무' 영역에서 '파워포인트 기획'을 활용합니다.

　'파워포인트 기획'의 프롬프트 창에 "도봉구 디지털 문해 교육을 위한 지방자치단체의 역할이라는 주제의 PPT 8장"이라고 썼더니 다음과 같은 결과가 단 몇 초 만에 만들어집니다.

> ◆ 도봉구 디지털 문해 교육을 위한 지방자치단체의 역할이라는 주제의 PPT 8장
>
> 주제: 도봉구 디지털 문해교육을 위한 지방자치단체의 역할
> 목적: 도봉구의 디지털 문해교육 필요성을 설명하고, 지방자치단체의 구체

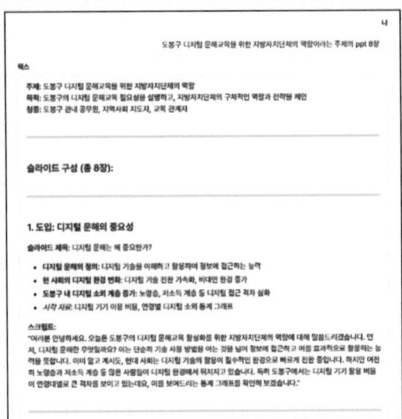

〈그림14〉 웍스 AI가 만들어낸 슬라이드 구성 결과물

적인 역할과 전략을 제안

청중: 도봉구 관내 공무원, 지역사회 지도자, 교육 관계자

〈슬라이드 구성 (총 8장)〉

1. 도입: 디지털 문해의 중요성

슬라이드 제목: 디지털 문해는 왜 중요한가?

▶디지털 문해의 정의: 디지털 기술을 이해하고 활용하며 정보에 접근하는 능력

▶현 사회의 디지털 환경 변화: 디지털 기술 전환 가속화, 비대면 환경 증가

▶도봉구 내 디지털 소외 계층 증가: 노령층, 저소득 계층 등 디지털 접근 격차 심화

▶시각 자료: 디지털 기기 이용 비율, 연령별 디지털 소외 통계 그래프

▶스크립트: "여러분 안녕하세요. 오늘은 도봉구의 디지털 문해교육 활성화를 위한 지방자치단체의 역할에 대해 말씀드리겠습니다. 먼저, 디지털 문해란 무엇일까요? 이는 단순히 기술 사용 방법을 아는 것을 넘어 정보에 접근하고 이를 효과적으로 활용하는 능력을 뜻합니다. 이미 알고 계시듯, 현대 사회는 디지털 기술의 활용이 필수적인 환경으로 빠르게 전환 중입니다. 하지만 여전히 노령층과 저소득 계층 등 많은 사람들이 디지털 환경에서 뒤처지고 있습니다. 특히 도봉구에서는 디지털 기기 활용 비율이 연령대별로 큰 격차를 보이고 있는데요, 이를 보여드리는 통계 그래프를 확인해 보겠습니다."

(이하, 각 장의 큰제목만 제시하고 본문은 생략)

2. 도봉구 디지털 문해 현황 분석
슬라이드 제목: 도봉구 디지털 접근 격차 현황

3. 디지털 문해교육의 필요성과 목표
슬라이드 제목: 디지털 문해교육, 왜 필요한가?

4. 지방자치단체의 역할 개요
슬라이드 제목: 지방자치단체의 핵심 역할

5. 디지털 문해교육 사례

슬라이드 제목: 국내외 선진 사례 소개

6. 도봉구 맞춤형 디지털 문해교육의 방향
슬라이드 제목: 도봉구에서 필요한 접근 방식

7. 기대 효과 및 긍정적 변화
슬라이드 제목: 기대 효과

8. 결론 및 다음 단계
슬라이드 제목: 함께 만드는 디지털 도봉구

사진에는 1페이지만 소개했지만, 결과는 8장에 맞춰 슬라이드 내용과 제목, 스크립트가 생성됩니다.
여기에는 말미에 PPT에 사용할 디자인 제안도 합니다.

◆ **디자인 제안:**
색상: 도봉구를 상징하는 녹색과 파란색 계열 사용
폰트: 가독성 높은 고딕체 선택
레이아웃: 심플하고 명료한 텍스트와 이미지 조화 강조
슬라이드 배경: 도봉구 이미지(자연 경관)와 디지털 아이콘 배치

위 내용에서 스크립트의 내용은 '5분 발언문'이 되고, 여기서 나오는 기획대로 PPT를 만들면 5분 발언 때 사용할 화면이 됩니다. 단 몇 초만에 5분 발언이 뚝딱 완성되었습니다. 더 손쉽게 만들려면 PPT도 여기서 나오는 PPT 내용을 복사해서 PPT제작에 특화된 AI인 '감마'를 이용해서 생성할 수 있습니다. '감마'를 이용한 PPT 구성은 뒤에서 다시 소개하겠습니다.

물론 이 작업은 챗GPT로도 할 수 있습니다만, 웍스 AI로 진행하면 프롬프팅을 신경 써서 하지 않아도 원하는 결과물을 생성해 준다는 이점이 있습니다. '쑥떡같이 말해도 찰떡같이 알아듣는다'고나 할까요?

또한 이 내용을 좀 더 구체적으로 서술하면서 분량을 늘리면 시정 질문도 거뜬히 완성할 수 있습니다. "PPT 8장 분량으로 작성해 줘."라는 요구 대신 "PPT 15장 분량으로 작성해 줘."라고 요구하는 것만으로도 손색없는 시정 질문지를 만들어낼 수 있습니다.

다만 어느 경우나 마찬가지로 시정 질문은 추가 질문을 좀 더 충실히 준비해야 합니다. 지자체장의 예상 답변과 추가 질문 준비를 위해 챗GPT를 활용할 수 있습니다. 챗GPT에 완성된 시정 질문지를 업로드하고 "이 시정 질문지에 대한 OO시장의 예상 답변을 5개 말해 줘."라고 하면 예상 답변이 나올 것입니다. 그러면 다시 "이 예상 답변에 대한 반박문을 작성해 줘."라고 요구합니다. 그럼 예상 답변에 대한 재반박문이 생성됩니다. 이후 "여기에 덧붙여 추가로 질문할 내용을 3개 작성해 줘." 같은 내용으로 챗GPT와 대화를 주고받기(티키타카) 하면서 시정 질문에 대한 예행연습까지 할 수 있습니다.

5절. 정책 연구

정책 연구는 조례를 제정하거나, 행정사무감사, 예산안 심사 등에서 방향을 잡고 대안을 제시하는 데 중요한 역할을 합니다. 정책 연구는 지역 현안을 파악하거나 정책 방향의 기본 원칙을 제시하는 역량을 기르는 데 근본적인 토대가 됩니다.

정책 연구 및 최신 정보 검색에 '퍼플렉시티(Perplexity)'를 활용해서 진행하는 경우를 설명합니다. 퍼플렉시티는 콘텐츠 관련 표나, 카드뉴스, 동영상까지 같이 생성해 주므로, 정책 연구 과정에서 중요한 사실 여부 판단을 쉽게 할 수 있도록 도와줍니다. 그동안 정책 연구를 하려면 뉴스, 논문, 보고서 등을 개별 검색·수집해야 하기에 자료를 모으는 데만 최소 3~4시간 정도가 소요되는 데 반해, 퍼플렉시티는 최신 정보를 검색하고 출처까지 제공하는 데 1~2초 정도밖에 걸리지 않습니다.

무엇보다 각 답변의 출처가 첫머리에 나열되고, 동영상과 표, 사진 등이 같이 제공되어 팩트 체크 등의 과정도 매우 단축됩니다. 정리된 글 말미에는 추가적으로 나올 만한 질문들이 주어집니다. 추가 질문들을 통해 정책 연구가 더욱 풍부해질 수 있습니다.

"전 세계 청년 일자리 정책 최신 사례를 알려 줘"라는 요구를 한 결과를 예시하겠습니다.

❓ 전 세계 청년 일자리 정책 최신 사례를 알려 줘

⋯ 출처

Korea 지역주도형 청년 일자리 사업-대한민국 정책브리핑
youtube 2025년 달라지는 청년지원정책! 청년들을 위한 취업준비 꿀팁…
makehope 청년정책, 국외 사례는? - 희망제작소
…

✳ Perplexity

전 세계 청년 일자리 정책의 최신 사례를 살펴보면 다음과 같습니다:

한국

한국은 2025년을 기준으로 청년 취업 지원을 강화하고 있습니다.

주요 정책:

▶ 국민취업지원제도: 직업훈련 제공 및 중소기업 빈일자리 취업 지원

▶ 청년 특화 취업 지원 프로그램: 6개월 근속 시 훈련 참여수당 및 취업성공수당 추가 지원

▶ 청년 일자리 도약 장려금: 장기근속 인센티브 지원

▶ 청년기술채움: 빈일자리 업종 재직청년에게 국내 우수 기술 훈련 제공

▶ 청년 도약 계좌: 혜택 강화

또한, 지역주도형 청년 일자리 사업을 통해 지역별 맞춤형 일자리를 지원

하고 있습니다.

캐나다

캐나다는 청년고용전략(YES-YESS)을 운영하고 있습니다. 이 전략은 청년의 기술 및 경력 축적을 돕고 직업을 찾고 유지하는 것을 목표로 합니다. 기존의 훈련 프로그램(Skills Link, Career Focus, 하계업무체험 등)을 통합하여 포괄적이고 유연한 서비스를 제공하고 있으며, 11개 연방분과와 기관이 협력하여 프로그램을 운영하고 있습니다.

핀란드

핀란드는 2013년부터 청년보장제를 본격적으로 추진하고 있습니다. 공공고용서비스 기관인 TE-Office는 청년 실업자(24세 이하)와 학업을 마친 청년(25-29세)이 구직자로 등록하면 3개월 이내에 개인 맞춤형 해결책을 제공합니다. 이는 관료적 행정에서 벗어나 청년을 위한 원스톱 안내센터 역할을 하고 있습니다.

이러한 사례들은 각국이 청년 실업 문제를 해결하고 청년들의 취업을 지원하기 위해 다양한 정책을 시행하고 있음을 보여줍니다. 특히 개인 맞춤형 서비스, 기술 훈련, 인센티브 제공 등이 공통적인 특징으로 나타나고 있습니다.

사람들도 묻습니다

다른 나라의 청년 일자리 정책은 어떤가요?
2026년 청년 일자리 정책의 주요 변화는 무엇인가요?

앞부분에 자료의 출처를 명시하였고, 한국, 캐나다, 필란드의 사례를 소개한 다음, 추가로 진행할 수 있는 질문 예시안을 보여줍니다.

6절. 회의록 작성

지방의원의 중요한 직무에는 회의와 면담도 포함됩니다. 지방의원들은 다양한 사람들과 여러 방식으로 대화를 나누게 되는데, 때로는 이러한 대화가 일반적인 사무 작업보다 더 중요할 때도 있습니다. 하지만 너무 많은 대화를 하다 보면, 누구와 어떤 이야기를 했는지 기억하고 정리하는 일이 쉽지 않습니다. 하루 동안 작성한 간단한 메모만 해도 몇 페이지씩 쌓이곤 하며, 이를 일일이 정리하는 것은 큰 부담이 아닐 수 없습니다. 녹음을 해 둔다고 해도 다시 듣고 정리하는 것은 쉽지 않습니다. 이런 문제를 해결할 수 있는 유용한 AI 프로그램을 소개해 드리겠습니다.

지방의원들이 편리하게 사용할 수 있는 회의록 정리 AI로 '네이버 클로바노트(Clova Note)'를 소개합니다. 이 프로그램은 네이버 계정만 있으면 누구나 쉽게 이용할 수 있습니다. 네이버 메일 주소가 있다면 바로 로그인하여 사용할 수 있습니다. 클로바노트를 위한 녹음 기능은 컴퓨터보다 스마트폰으로 사용할 일이 더 많을 것으로 예상되므로, 모바일 환경

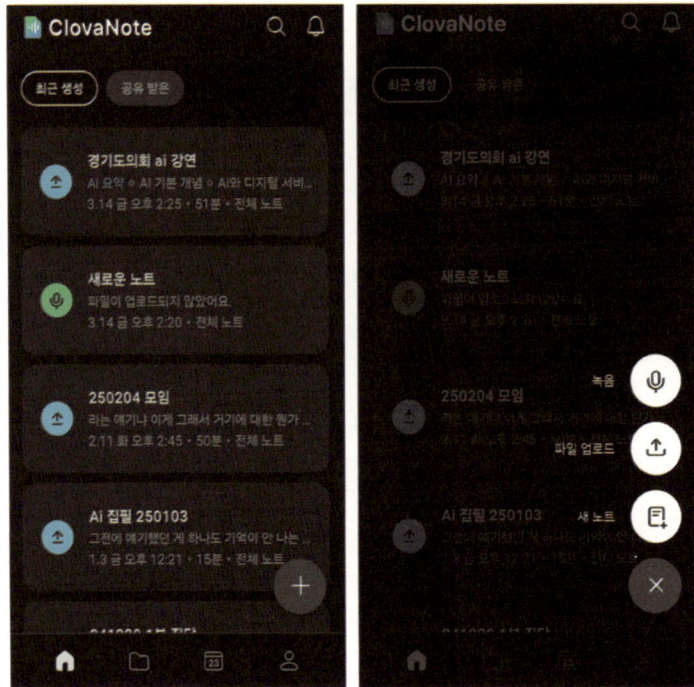

〈그림15〉 네이버 클로바노트 화면

을 기준으로 설명해 드리겠습니다.

　네이버 클로바노트를 설치하고 네이버 계정으로 로그인하면 메인 화면에 접속할 수 있습니다. 이 화면에서 플러스(+) 버튼을 누르면 두 가지 선택지가 나타납니다. 직접 녹음을 시작할 수도 있고, 이미 녹음된 파일을 업로드할 수도 있습니다.

　녹음 버튼을 누르면 〈그림16〉과 같이 바로 녹음창이 나타납니다. 그대로 이야기 나누는 내용을 휴대폰으로 녹음하실 수 있습니다. 녹음을 마치거나 녹음된 파일을 업로드하면 AI가 자동으로 변환 과정을 거쳐 녹취록을 생성해 줍니다. 음질이 좋지 않거나 특정인의 이름과 같은 일부 단

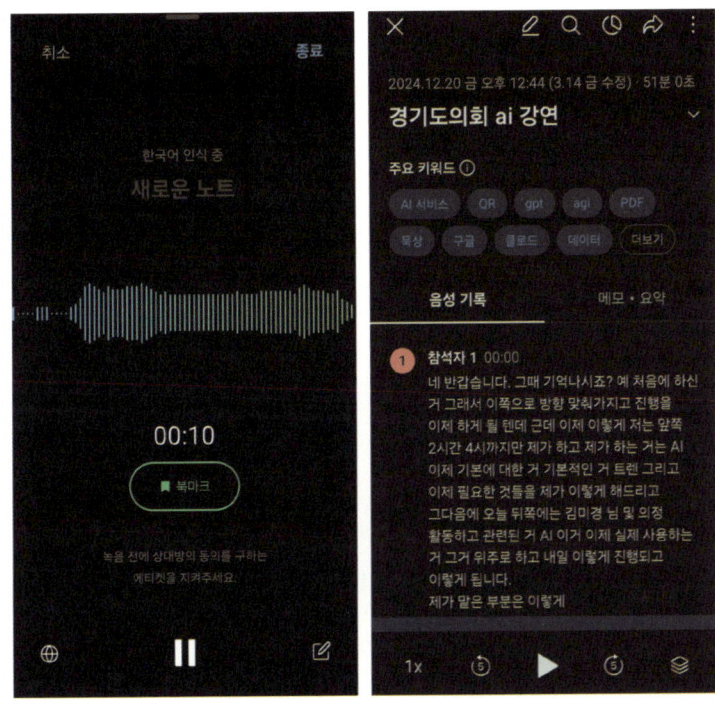

〈그림16〉 네이버 클로바노트에서 음성 녹음과 녹취록 작성

어는 정확도가 떨어질 수 있지만, 전체적으로는 충분한 정도로 정확하게 변환됩니다.

    네이버 클로바노트는 단순히 녹취록을 텍스트로 변환하는 것에서 그치지 않고, AI를 활용한 요약 기능도 제공합니다.(〈그림16〉 참조) 전체 녹취록을 요약해 줄 뿐만 아니라, 녹음된 구간별로 핵심 내용을 자동으로 정리해 줍니다. 이를 활용하면 수많은 회의와 대화 내용을 효율적으로 정리하고, 중요한 부분만 빠르게 확인할 수 있습니다. 확인을 마친 후 녹취록에 일자+회의명+주요인물을 명기하여 저장해 두면 필요할 때 쉽게 찾을 수 있어 활용도가 높아집니다. 이렇게 만들어진 녹취록은 비밀

번호 설정 여부만 선택하면 함께 회의했던 사람들에게도 공유할 수 있어 협업에 매우 유용합니다. 이렇게 AI를 이용한 녹취록 작업과 요약 기능을 활용하면, 수많은 회의와 대화를 효율적으로 정리하고 활용할 수 있습니다.

네이버 클로바노트를 활용할 때 유의할 점이 있습니다. 우선, 이 프로그램은 녹음 파일을 기반으로 하기 때문에 녹음 파일의 음질이 선명해야 합니다. 잡음이 섞이거나 음량(소리 크기)이 작다면 인식률(텍스트로 변환할 때의 정확성)이 떨어질 수 있으며, 경우에 따라 변환이 제대로 이루어지지 않을 수도 있습니다.

또, 녹음을 진행할 때는 반드시 참여자들의 사전 동의를 구해야 합니다. 통신비밀보호법 제3조에 따르면, 본인이 직접 참여하지 않은 타인의 대화를 동의 없이 녹음하는 것은 불법입니다. 물론 본인이 참여한 대화를 녹음하는 것은 법적으로 문제가 되지 않지만, 상대방에게 녹음 사실을 미리 알리고 동의하는 것이 바람직합니다. 혹시라도 생길 수 있는 민형사상 책임을 피하기 위해서는 반드시 동의를 받는 것이 중요합니다.

네이버 클로바노트는 한국에서 개발된 프로그램으로 한국어 데이터 처리가 뛰어납니다. 많은 사람이 참여한 회의에서도 발화자를 구분해내는 능력이 뛰어나, 그 활용성이 아주 높습니다. 항상 정리가 부담스러웠던 회의나 면담에서 클로바노트를 활용해 시간을 절약하고 성과를 배가하시길 바랍니다.

7절. PPT 제작 - 감마 AI

의정활동을 하다 보면 PPT를 써야 할 일이 은근히 많습니다. 시정 질문이나 5분 발언을 할 때 활용하기도 하고, 정책 관련 토론회에 발제자나 토론자로 참석할 때도 필요합니다. 혹은 행정사무감사를 하면서 PPT를 쓰는 경우도 있습니다.

그런데 기획, 즉 기본 틀을 어떻게 잡아야 할지, 순서 배치는 어떻게 할지, 어떤 그림이나 사진을 넣을지 고민하다 보면 PPT 제작에 꽤 많은 시간이 소요됩니다.

AI 프로그램 중 하나인 '감마'는 PPT 초안을 만들 때 유용합니다. 핵심적인 주제를 잘 담고 있는 단 한 줄의 프롬프트만으로 몇 초 만에 PPT를 만들 수도 있습니다. 지방의원들을 대상으로 강의를 하면서 여러 AI 도구들을 소개하는데, 그중 가장 관심을 보이는 도구가 바로 이 '감마 AI'입니다. 그만큼 직관적으로 유용하다는 것을 느끼기 때문인 것으로 보입니다.

감마 메인화면을 열어 회원가입과 로그인을 하면 나오는 첫 화면에서 '새로 만들기'를 클릭하십시오.

텍스트가 있는 경우 이를 창에 붙여 넣어 PPT를 만들 수도 있고(초기 화면 좌측), 한 줄 프롬프트만으로 만들 수도 있으며(가운데), 기존 파일을 활용하여 만들 수도 있습니다.(화면 우측)

PPT용 텍스트는 기본 개념만 있다면 챗GPT나 클로드를 이용하여 작성할 수 있고, 감마 AI의 초기화면 맨 왼쪽 '텍스트로 붙여넣기'를 클릭한 후 붙여 넣으면 결과물을 얻을 수 있으며, 앞서 4절 시정 질문, 5분

〈그림17〉 감마의 초기 화면

발언에서 소개했던 웍스 AI의 '파워포인트 기획' 비서를 통해 생성한 내용(파일)을 활용해도 좋습니다. 혹은 기존의 문서나 프레젠테이션, 혹은 웹페이지를 활용하여 PPT를 만들 수도 있습니다.(화면 우측)

여기서 예제는 그중에서도 간단하기 이를 데 없는 '한 줄 프롬프트를 이용하여 PPT를 뚝!딱!' 만들기 방식으로 진행해 보겠습니다.

'성동구 디지털 문해 교육을 위한 지방자치단체의 역할'이라고 프롬프트를 작성합니다.

〈그림18〉에서 보시는 것처럼 PPT의 구조를 AI가 잡았습니다. 메뉴에서 카드를 추가하거나, 테마를 선택하고, 텍스트의 양을 짧게 할지, 보통으로 할지, 상세하게 할지도 선택합니다. 그리고 사용할 이미지의 출처, 이미지의 분위기, AI 이미지 모델 종류도 선택할 수 있습니다. 이렇게 필요한 부분을 선택한 후에는 '생성'을 클릭합니다. 이미지를 포함해야 하는 관계로 지금까지보다 시간이 좀 걸리지만, 다음과 같은 결과물을 얻을 수 있습니다.(〈그림19〉 참조)

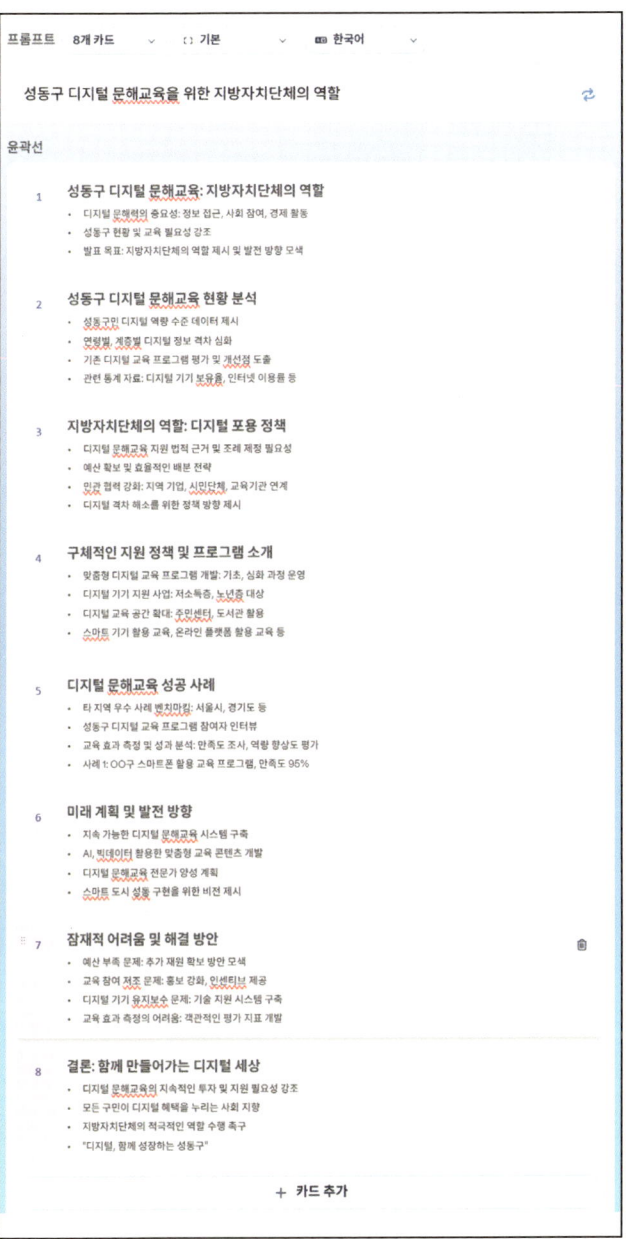

〈그림18〉 감마가 PPT 구조를 잡은 결과물

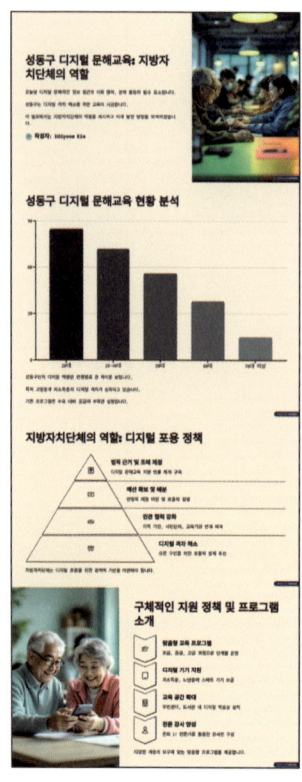
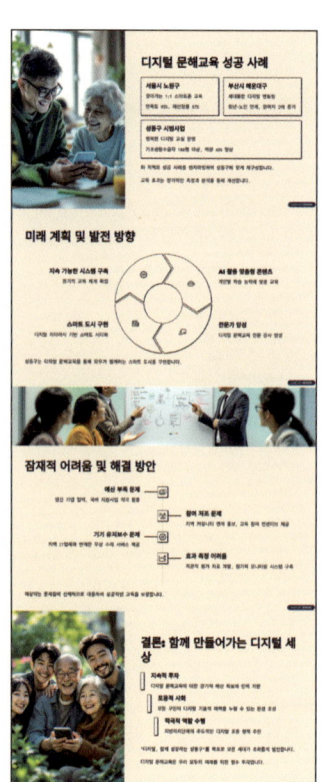
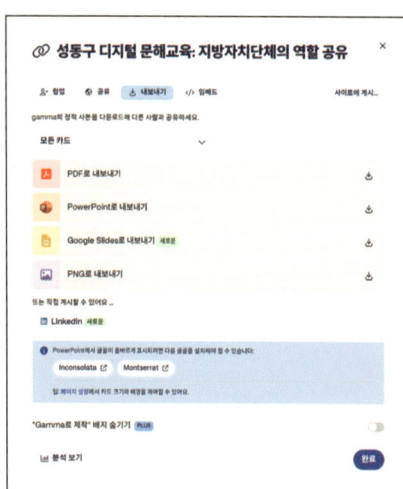

〈그림19〉 감마가 만들어 낸 PPT 자료 결과물

간단한 한 줄의 프롬프트만으로도 내용에 적절한 그림을 찾아오고, 지역의 현황 등을 찾아다 내용을 채우기도 하였습니다. 대략 20초도 안 되어 AI가 훌륭한 PPT 자료를 만들어낸 것입니다. 혹시 결과물이 마음에 들지 않는다면 '다른 항목 만들기'를 통해 다시 만들어 달라고 할 수도 있습니다. 만들어진 결과물은 사이트 오른쪽 상단 '공유' 그리고, '내보내기'를 클릭합니다.

PDF 파일이나 PNG 파일로도 다운로드받을 수 있지만, 파워포인트(Power Point)로 내보내기를 하면 그림이나 텍스트 등 내용을 수정하여 좀 더 완성된 형태로 결과물을 만들어낼 수 있습니다.

감마 AI가 간편하고 비교적 완성도 있게 프레젠테이션 내용을 만들어 주지만, 지역의 현황이나 대안 제시가 현실과 동떨어질 수 있습니다. 꼭 내용에 대한 확인이 필요합니다. 또한 여기서 제공하는 사진에 등장하는 인물은 외국인이 많다 보니 활용도가 떨어지는 면도 있습니다. 누차 이야기하지만 AI는 보조적인 역할을 하는 것일 뿐 마지막 최종 완성을 위한 디테일은 여러분의 몫임을 잊지 마시기 바랍니다.

제2장_ AI를 통한 효율적인 의정 홍보

1절. 민원 응대

1. AI 챗봇

 지방의원으로서 주민들의 의견을 듣고, 신속하게 대안이나 해결책을 제시하는 것은 중요한 일입니다. 하지만 수많은 민원을 하나하나 응대하다 보면 시간과 인력이 부족함을 뼈저리게 느끼고 한계를 절감하게 됩니다. 이때 AI 보좌관을 활용하면 효율적이고 체계적인 민원 처리를 할 수 있게 되고, 이전보다 훨씬 많은 성과를 거두게 됩니다.

 AI는 단순히 요구에 대한 기능적인 응답을 제공하는 것이 아니라, 접수된 주민들의 요구를 분석하고, 유사 사례를 찾아 해결 방안을 제안하며, 반복적인 민원 처리 시간을 줄여 지방의원 여러분이 더 중요한 정책 결정과 대민 활동에 집중할 수 있도록 도와줍니다.

 현재 AI는 사람이 직접 응대하지 않아도 사용자의 질문에 자동으로 답변할 수 있는 대화형 프로그램인 '챗봇'의 형태로 활용되며, 마케팅이나 금융

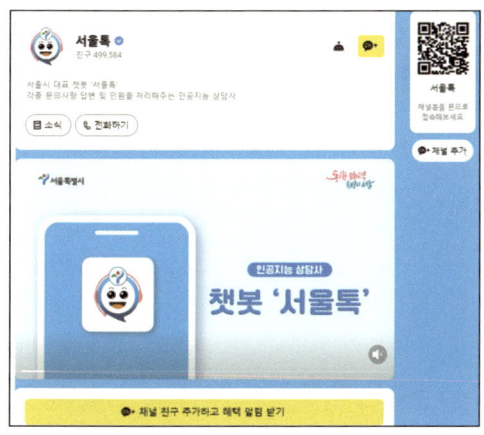

〈그림20〉 서울시정 문의에 대응하는 챗봇 서울톡

분야에서 광범위하게 사용되고 있습니다. 최근에는 특히나 보험 상담이나 홈쇼핑 주문, 고객 민원 처리 등과 같은 민원인을 대상으로 하는 업무 영역에서 초기 상담을 주로 챗봇이 담당하고 있을 만큼 널리 활용되고 있습니다.

이제 이런 챗봇의 활용 영역은 공공부문에까지 확대되고 있습니다. 코레일이 공공기관 최초로 '성희롱 괴롭힘 상담 챗봇'을 도입한 것이나 서울시가 '서울톡'이라는 챗봇을 통해 시울시정에 대한 다양한 문의에 자동으로 답변하고, 현장 민원 접수, 체육시설·공간 대관을 예약해 주는 등 다방면의 공공영역에서 AI의 활용이 확대되고 있습니다. 특히 AI 챗봇의 활용은 민원 응대에 최적화되어 지방의회, 또는 지방의원의 민원 응대 역할을 대행할 수 있는 인프라 마련이 중요하게 대두될 것입니다. 그래서 2025년 하반기에는 경기도의회 홈페이지에 AI 챗봇 시범 사업 도입을 예정하는 등 지자체에서도 발 빠르게 대응하고 있습니다.

이렇게 AI 챗봇을 활용하여 민원 처리, SNS 모니터링을 하게 되면, 24시간 실시간으로 민원 접수를 받고 자동으로 답변을 제공하여, 지역 주민들이 만족할 만한 민원 서비스를 제공할 수 있습니다. 또한 자주 접수되는 질문(FAQ)을 AI 챗봇이 처리하면, 의원과 직원들은 좀 더 중요한 민원 해결에 역량을 집중할 수 있게 될 것입니다.

AI는 접수된 민원을 유형별로 분석하여 가장 빈번한 민원, 지역 특성에 따른 주요 이슈, 해결이 지연된 사안 등을 도출하고, 그에 대한 해결책을 신속하게 제공합니다. 이를 통해 주민들의 불편사항이 줄어들게 되고, 의정활동에 대한 만족도는 획기적으로 높아지게 될 것입니다. 이를 좀 더 구체적으로 살펴보겠습니다.

2. AI 챗봇 활용 사례

3년 혹은 5년(또는 그 이상의 기간) 동안 접수된 민원 내용을 PDF파일에 담아 AI에 업로드하면 민원의 내용들을 분석할 수 있습니다. 혹은 교통, 환경, 복지, 안전 등 카테고리별로 자동 분류하여 긴급 민원(예: 도로 파손, 공공시설 고장)은 즉시 담당 부서로 전달되도록 설정할 수도 있습니다. AI가 기존 민원 데이터베이스(DB)를 분석하여 유사 사례를 찾아 해결 방안을 추천할 수도 있습니다. 동일한 민원이 자주 발생하는 경우, AI가 반복적인 문제인지, 특정 지역에 집중된 문제인지를 분석하여 정책 개선을 위한 자료를 제공할 수 있습니다.

예를 들어, 지난 6개월 동안 ○○구에서 '불법 주정차' 관련 민원이 150건 접수되었다는 사실을 AI가 분석해 내면, 계속해서 AI는 그 문제를 해결하기 위해 다른 지역에서 시행된 정책 사례(예: 주정차 단속 강화, CCTV 설치 등)를 찾아 지방의원에게 추천하고, 의원은 AI가 제공한 데이터를 토대로 '주정차 단속 강화 조례–개정안'을 발의하게 되는 경로가 만들어지게 될 것입니다.

이렇게 민원 응대에 AI를 활용할 때는 여러 유의사항이 있습니다. 우선 민원인 개인정보 보호에 각별히 신경 써야 합니다. 또 AI가 차별적인 답변을 제공하지 않도록 질문(프롬프팅)을 해 나가는 AI 윤리 교육을 받아야 합니다. 이와 함께 하루가 다르게 변화하는 AI 시스템의 지속적인 업데이트와 관리가 필요할 것입니다. '문제가 되는 상황'에 대한 대처능력이 향상되고 개선된 새로운 AI 프로그램이나 새로운 버전이 수시로 제공되기 때문입니다.

AI 챗봇이 지방자치단체나 의회에 도입되면 위와 같이 민원 응대에 여러 도움을 받을 수 있겠지만, 이러한 AI 인프라가 도입되지 않았을 경우에도 이와 관련한 문제를 AI의 도움을 받아 가며 처리할 수 있습니다. 의원들이 민원 문자를 받거나 이메일을 받을 경우 그에 대해 답장을 쓰는 것도 여간 신경 쓰이는 일이 아닐 수 없습니다. 이럴 때 도움을 줄 수 있는 것이 '웍스 AI'의 '웍스 AI 공식 비서'에서 '민원인 답변 작성' 기능입니다. 이 비서의 안내 메시지에는 "민원인의 민원 내용과 답변의 핵심 맥락과 내용만 적어 주세요. 과하게 친절하지도 않고 적절히 사무적으로 답변 초안을 만들어 드려요."라고 쓰여 있습니다.

다음과 같이 '웍스 AI'를 이용해 민원 답변을 작성해 볼까요?

지방자치단체 민원 중에 상당히 많은 부분을 차지하는 것이 바로 '쓰레기 무단투기' 민원입니다. '쓰레기 무단투기 관련 민원 답변서'를 작성해 봅시다.

"집 앞 쓰레기 무단투기 해결 요청 민원에 대해 시의회 의원으로서 답변서를 작성해 줘."라고 프롬프트를 작성하면 다음과 같은 결과가 나옵니다.

❓ **민원 유형: 쓰레기 무단투기 신고 및 해결 요청**: 집 앞 쓰레기 무단투기 해결 요청 민원에 대해 시의회 의원으로서 답변서를 작성해 줘.

◆ **예시1:**

답변: 안녕하세요. 귀하께서 요청하신 쓰레기 무단투기 문제에 대해 답변드립니다. 쓰레기 무단투기는 「폐기물관리법」 제8조(폐기물의 적정 처리 의무) 및 관련 지방자치단체의 조례에 따라 위법으로 규정되며, 적발 시 행정조치를 받을 수 있습니다. 귀하께서 거주하시는 지역에서의 무단투기 문제 해결을 위해 다음과 같은 조치를 제안드립니다:

1. 무단투기 감시 카메라 설치 요청: 관할 행정기관(구청, 읍·면·동 주민센터)에 감시 카메라 설치를 요청할 수 있습니다. 이는 무단투기 방지를 위한 효과적인 방법 중 하나입니다.

2. 불법 투기자 신고: 무단투기 행위를 직접 목격하였거나 관련 증거(사진·영상 등)가 있는 경우, 관할 구청이나 주민센터에 신고하실 수 있습니다. 관련 증거는 조사 및 단속에 중요한 자료로 활용됩니다.

3. 배출 안내 및 계도 요청: 해당 지역 주민들을 대상으로 올바른 쓰레기 배출 방법과 투기 금지 계도를 요청할 수 있습니다. 이는 주민센터에서 주민 홍보나 안내문 제작을 통해 진행될 수 있습니다.

무단투기 예방 및 단속은 관할 지자체의 담당 부서에서 진행하므로, 보다 자세한 조치와 진행 사항 확인을 위해 귀하가 속한 지자체에 직접 문의하시길 권장드립니다.

추가적으로 궁금하신 사항이 있거나 다른 민원이 있으실 경우 언제든 문의하여 주시기 바랍니다. 감사합니다.

✦ 예시2:

답변: 안녕하세요. 귀하께서 제기하신 쓰레기 무단투기와 관련된 민원 사항에 대해 답변드립니다.
무단투기는 지역의 환경과 공공질서를 심각하게 저해하는 행위로, 이에 대한 문제의식과 개선 요구를 전달해 주신 점 깊이 공감합니다. 저를 포함한 지방자치단체 의원으로서는 주민 여러분의 생활환경 개선을 최우선의 과제로 삼고 있습니다.
귀하께서 신고하신 사례와 관련하여 현행 법령 및 정책을 바탕으로 다음과 같은 대처 방안을 제안 및 추진할 계획입니다:
1. 불법투기 방지 감시 체계 강화: 현재 관할 구청(읍·면·동 주민센터)이 관리하는 감시 카메라 추가 설치와 기존 장비의 작동 점검 여부를 해당 부서에 요청하겠습니다.
2. 지역 주민 계도 및 참여 확대: 관할 주민센터에 쓰레기 무단투기를 방지하기 위한 올바른 분리배출 방법과 무단투기 금지 내용이 담긴 홍보 및 안내 프로그램을 확대하도록 건의하겠습니다.
3. 단속 활동 강화: 불법투기 단속을 전담하는 인력을 보강하거나, 정기적인 순찰 활동을 강화하도록 요청하겠습니다.
추가적으로,「폐기물관리법」및 관할 지자체 조례에 의거하여 쓰레기 무단투기는 과태료 부과 등의 행정조치가 가능합니다. 이와 관련한 조사가 이

> 루어질 수 있도록 관할 행정기관에 해당 민원을 직접 전달하고, 추후 조치가 원활히 진행될 수 있도록 의원으로서의 역할을 충실히 이행하겠습니다.

사례1은 원론적인 사안에 대해 구체적으로 취할 수 있는 민원 제기 방식과 내용에 대해 안내하고 있습니다. 사례2는 구체적으로 해결책을 요구하는 민원에 대해 지방의원으로서 취할 조치들을 소개하고 있습니다.

제가 지방의원을 할 때 정한 나름의 의정 철학이 "민원을 받으면 반드시 3일 안에 답을 드린다는 것이었습니다." 이것이 주민들 호응이 꽤 컸던 기억이 있습니니다. 민원인분들께는 해결도 해결이지만, 진정성 있게 이야기를 들어 주고 최선을 다하는 모습이 감동을 주는 것 같습니다. 그래도 민원을 제기한 분에게 정직하고 성실하게 답변을 하고, 최선을 다해 결과물까지 만들어내는 것만큼 큰 감동은 없겠죠? 민원 해결에 진심인 우리 지방의원들을 응원합니다.

2절. 보도자료 작성

1. 보도자료의 의의

지방의원으로서 주민과의 소통은 의정활동의 시작이자 끝이라고 할 수 있습니다. 의회 내에서의 활동은 모두 이 소통의 사전 사후 활동이라고 할 수 있습니다. 원활하고 의미 있는 소통을 위해 민원인을 직접 만나 이야기를 듣는 것은 물론이고, 각종 SNS를 활용하거나 전통적인 매체(신문, 방송)를 활용하기도 합니다. 특히, 의정 홍보를 위해 언론 노출을 늘리는 것은 가장 효율적인 소통 방법입니다. 언론 노출을 위해 보도자료를 꾸준히, 정기적으로 배포하는 것은 지방의원이 쉽게 간과하는 일이면서, 또한 중요한 일이기도 합니다. 하지만, 막상 중요성을 인식하고 보도자료를 작성하려 하면 막막하기도 하고, 바쁜 일정 속에서 충실한 보도자료를 작성하는 것은 쉽지 않습니다. 보도자료는 의원의 활동과 성과를 대중과 언론에 알리는 중요한 수단이지만, 한정된 시간 안에 핵심 메시지를 담아내고 또 신문기자들의 흥미와 주목을 끄는 일은 상당히 어렵습니다.

이럴 때 AI를 활용할 수 있습니다. AI는 방대한 데이터를 분석하여 적절한 문구를 추천해 주고, 문서의 흐름을 자연스럽게 정리해 줍니다. AI가 패턴을 찾아 질문에 맞는 결과물을 만들어낸다고 앞에서 말씀드렸습니다. 이렇듯 패턴을 찾아내 개연성 있게 문서를 작성하는 것에 최적화되어 있는 것이 챗GPT 같은 생성형 AI인 만큼 '보도자료' 작성은 결과물의 만족도가 꽤 높은 편입니다.

시정 질문, 5분 발언, 행정사무감사를 할 때, 혹은 성명서를 발표할 때, 지역행사 참여를 알려야 할 경우에 꾸준히 보도자료를 작성해서 배포하면 언론 노출 빈도가 올라가고 의정활동 홍보에 상당히 도움이 됩니다. 다만, 보도자료를 매번 작성해야 하는 수고로움이 있었는데 이젠 AI가 초벌 작업을 대신해 주니 그야말로 신세계입니다. 이때 AI가 만들어 주는 보도자료는 그럴듯하긴 하지만, 내용에서 오류들이 있을 수 있으므로, 꼭 재확인하고 수정해서 배포해야 합니다.

2. 생성형 AI를 활용한 보도자료 작성

프롬프트 입력 창에 주제, 핵심 정보, 정책 발표, 행사 개최, 예산 집행 등 세부 내용을 입력하고 "이 내용을 보도자료로 작성해 줘."라고 합니다. 그러면, 보도자료가 쉽게 만들어집니다. 생성된 보도자료를 복사해 와서 정해진 서식에 배치한 다음 수정을 거쳐 완성, 배포하면 됩니다. 요구사항을 입력할 때, 글자 수, 핵심적으로 강조할 사항 등의 구체적인 내용을 추가하면 더욱 요구자의 의도에 충실한 보도자료가 만들어집니다.

또한, 행사 홍보 보도자료의 경우(사전 보도자료)나 행사 참석 보도자료(사후 보도자료)의 경우는 행사 웹자보나 행사 현수막과 함께 찍은 사진을 업로드하고 보도자료를 작성해 달라고 하면, AI가 이를 토대로 매우 상세하게 보도자료를 작성해 줍니다. 아래에 기본적인 예시안을 소개합니다.

> ❓ 2024년 10월 2일 국회의원회관에서 미래전환정책연구원 창립 기념 국회 세미나 '언제나, 누구나 AI 커스터마이징'이 미래전환정책연구원(이사장 장상화), 국회 디지털경제3.0포럼(대표의원 김종민, 이성권 의원) 주관으로 성황리에 이루어졌다. 하태경 전 의원, 박창기 한국인공지능진흥협회 회장, 유영진 Good AI CTO 발제, 정삼영 연세대 교수, 김의겸 비전플랫폼 대표 토론으로 진행되었다. 이 내용으로 A4 한 장 분량의 보도자료 작성해 줘

◎ 〈보도자료〉

미래전환정책연구원, 창립 기념 국회 세미나 개최
"언제나, 누구나 AI 커스터마이징" 주제로 AI 기술의 미래 논의

2024년 10월 2일, 국회의원회관에서 미래전환정책연구원(이사장 장상화) 창립을 기념하는 국회 세미나가 성황리에 개최되었다. 이번 세미나는 국회 디지털경제3.0포럼(대표의원 김종민, 이성권 의원)과 공동 주관으로 진행되었으며, AI 커스터마이징 기술의 발전과 활용 가능성을 심도 있게 논의하는 자리로 마련되었다.

세미나는 하태경 전 국회의원의 개회사로 시작되었으며, 이어 박창기 한국인공지능진흥협회 회장이 기조 발제를 통해 AI 산업의 현황과 발전 방향을 설명했다. 박 회장은 글로벌 AI 경쟁력 강화를 위한 정책적 노력과 기술 발전이 필수적이라는 점을 강조하며, AI가 사회 전반에 미칠 영향력에 대한 통찰을 제공했다.

유영진 Good AI 최고기술책임자(CTO)는 "AI 커스터마이징"을 주제로 한 발제를 통해 AI 기술의 개인화 및 맞춤형 서비스 구현 가능성을 소개했다. 그는 AI가 사용자의 요구와 환경에 최적화된 솔루션을 제공하는 방향으로 발전하고 있으며, 이를 통해 다양한 산업에서 혁신을 주도할 수 있다고 밝혔다.

이어진 패널 토론에서는 정삼영 연세대학교 교수와 김의겸 비전플랫폼 대표가 참여하여 AI 기술의 사회적, 경제적 영향에 대해 논의했다. 토론자들은 AI 커스터마이징이 산업 및 개인 생활에 미치는 긍정적 효과뿐만 아니

라, 개인정보 보호 및 윤리적 문제에 대한 고려가 필요하다는 점을 강조했다. 또한, AI 기술의 발전이 가져올 기회와 도전에 대해 다양한 시각에서 의견을 나누었다.

이번 세미나는 AI 기술의 발전 방향을 모색하고, AI 커스터마이징을 통해 기술이 더욱 폭넓게 활용될 수 있는 방안을 고민하는 중요한 계기가 되었다. 미래전환정책연구원은 앞으로도 AI와 디지털 경제 관련 연구 및 정책 제안을 지속적으로 이어갈 예정이다.

3. 웍스 AI를 이용한 보도자료 작성

웍스 AI의 다양한 'AI 비서' 중 '보도자료 작성' 비서를 선택한 후 마찬가지 방법으로 사진이나 보도자료에 꼭 들어가야 할 내용을 입력하고 보도자료를 작성해 달라고 하면 완성도 있는 보도자료를 작성해 줍니다.

단지, 사진 한 장만 올리고 보도자료를 작성해 달라고 해도, 굉장히 상세한 설명이 담긴 보도자료를 만들어 줍니다. 특히 주최, 장소, 주관, 참가자 등 구체적 내용을 상세히 프롬프팅하면 상세하고 정확한 보도자료가 작성됩니다. 수정을 최소화하고 보다 정확한 보도자료를 원한다면 질문(프롬프팅)할 때 구체적 내용을 꼼꼼하게 적어서 요청하시기를 권합니다. 어차피 검토와 수정이 필요하니 최대한 빨리 초안을 받아보고 싶다면 간단한 사진 한 장이나, 기획안 정도만 올려도 기본적인 양식의 보도자료를 작성해 줍니다.

다음은 '사진 한 장'으로 보도자료를 작성하는 사례의 예시입니다.

❓ 이 사진과 관련된 보도자료를 써 줘

⤵ [보도자료]

제목: "언제나, 누구나 AI: 커스터마이징" 미래전환정책연구원 창립 기념 디지털정책 3.0 포럼 성황리에 개최

부제목: 국내 AI 맞춤형 정책의 새로운 방향성 제시… 지속 가능한 디지털 사회를 위한 해결책 논의

발행일: 2025년 2월 17일

서울—2025년 2월 12일

〈그림21〉 웍스 AI가 만든 보도자료 결과물

미래전환정책연구원은 2025년 2월 12일, 서울 국회의원회관 제2세미나실에서 창립을 기념하여 "언제나, 누구나 AI: 커스터마이징"이라는 주제로 디지털정책 3.0 공동 주제 포럼을 성공적으로 개최했다. 이번 행사는 정부, 학계, 산업계, 시민 사회를 아우르는 주요 인사들이 참여해 디지털 전환(DX)의 시대, AI 기반 맞춤형 서비스를 통한 포용적 정책 방향성을 심도 있게 논의하는 자리로 마련됐다.

정책과 기술의 교차점에서 미래를 설계하다

이번 행사에는 김익진 미래전환정책연구원장이 기조연설을 맡았으며, 국

내외 디지털 경제와 사회 정책 전문가들이 다수 참석해 각각 새로운 관점의 연구 결과와 사례를 발표했다. 특히, 다양한 맞춤형 AI 기술이 각 산업 및 공공 영역에서 어떻게 구현되고, 이를 통해 사회적 격차를 해소하고 데이터 기반의 의사결정을 지원할 수 있을지에 대한 논의가 주요 내용으로 다뤄졌다.

김원장(미래전환정책연구원장)은 기조연설에서 "모든 시민이 언제 어디서나 디지털 혜택을 누릴 수 있도록 하는 것이 디지털정책 3.0의 핵심"이라며, "AI가 데이터와 기술 간의 연결을 통해 사회 전반에 기여할 수 있도록, 더욱 개방적이고 참여적인 플랫폼 정책을 마련하겠다"고 밝혔다.

현장 발언과 주요 성과

포럼에서는 △AI 윤리와 규제 방향, △차세대 AI 플랫폼 기술 개발 사례, △산업 맞춤형 AI 솔루션의 도입 성공사례 등을 중심으로 발표와 토론이 이어졌다.

한 참석자는 현장에서 "AI가 사용자별로 맞춤형 권고 및 분석을 진행함으로써 기존의 일방향 정책 전달 방식을 뛰어넘는 혁신적인 방법을 제시할 잠재력을 가지고 있다"며, "이제 디지털은 선택이 아니라 필수가 되었으며, AI의 공정성과 편리성을 함께 추구하는 것이 중요하다"고 강조했다.

또한, 이날 행사에 참석한 민병삼 국회의원은 "우리 사회에 디지털 양극화라는 과제가 여전히 상존하고 있다"면서, "이번 포럼이 공정한 데이터 접근성과 AI 서비스 보편화를 통해 시민의 삶을 어떻게 더욱 풍요롭게 할 수 있을지 정책적인 힌트를 주고 있다"고 평가했다. (중략)

첨부자료: 행사 발표자료 / 주요 발표자 프로필 및 발표 요약

사진: 행사 현장 모습

문의: 미래전환정책연구원 홍보팀 / 이메일: info@futurepolicy.ai / 전화: 02-1234-5678

이렇게 보도자료 초안이 완성되었습니다. 내용을 꼼꼼히 살펴보고, 필요에 따라 문장을 다듬고, 경험이나 감정을 추가하거나 누락된 부분을 채워 넣으시면 됩니다. 또 초안을 바탕으로 수정사항이나 보완할 점, 문체 등을 구체화하여 다시 작성해 줄 것을 요구하면 한결 개선된 결과를 얻을 수도 있습니다. 그런데 보시는 바와 같이 사진만 덩그러니 올려놓으니 참가자 이름 등을 AI가 마음대로 써 놓았습니다. 그러니 반드시 사실 관계 확인은 필수입니다. 상기하시기 바랍니다. 이를 고려하여 최초 프롬프팅 시 핵심 정보를 자세하게 적어주면 좀 더 정확한 결과물을 얻을 수 있습니다. 다시 말씀드리지만, AI는 '아주 능숙한 거짓말쟁이'입니다. 거짓말쟁이인데다 책임도 안집니다. 이 점을 간과하고 넘어갔다간 의원님들이 낭패를 본다는 것을 잊지 마시기 바랍니다.

3절. 인사말 작성

의정활동에서 지역의 각종 행사에 참여하고 참석하는 것도 주민들과의 접촉과 소통을 위해서나, 현장을 직접 살핀다는 의미에서나 매우 중요한

업무 중 하나입니다. 행사에 참석하면 즉석에서 인사를 시키기도 하지만, 사전에 준비된 인사말을 해야 하는 경우가 많이 생깁니다. 특히, 상임위원장이나 의장, 부의장이 되면 행사장마다 인사말을 해야 하는 경우가 많아, 많은 고민을 하게 합니다.

인사말이나 연설문을 막상 쓰려고 하면 처음이 가장 막막합니다. 이 처음을 쉽게 만들어주는 것이 AI라고 보시면 됩니다. 인사말이나 연설문에서 강조하고 싶은 것이나 톤조차도 AI에게 구체적으로 요청하면 요청대로 결과물을 생성해 줍니다.

챗GPT나 클로드를 활용하여 인사말과 연설문을 만들어 봅시다. 당장 필요하지 않더라도 이 책을 보면서 하나하나 따라해 보시기 바랍니다. 자꾸 해 봐야 실전에서 제대로 활용할 수 있습니다. 아래의 설명을 따라 실제로 진행해 보시기 바랍니다.

프롬프트 창에 행사 종류(기념식, 개관식 등), 인사말 종류(축사, 환영사 등), 참석 대상, 주요 메시지(위로, 미래지향 등) 등의 정보를 입력합니다. 이때 예시가 될 만한 인사말을 첨부하면 더욱 원하는 방향에 부합하는 결과물을 생성해 줍니다. 또한, '위트 있게', '유머러스하게', '진지하게' 등의 톤을 같이 정해 주면 그에 부합하는 인사말을 생성해 줍니다. 이렇게 생성된 인사말을 토대로, 개인적인 경험이나 강조하고 싶은 내용을 추가합니다. 이를 직접 할 수도 있고, 그 내용을 추가하여 다시 작성해 달라고 요구할 수도 있습니다. 다음에 복지센터 개소식 인사말 작성 사례를 소개합니다. 같은 프롬프트로 챗GPT와 클로드에 각각 요구해 보겠습니다.

❓ 관악구 복지센터 개소식에 주민과 관계자들을 대상으로 복지서비스 강화 지역주민 지원 확대를 주요 메시지로 관악구의원이 하는 위트 있는 인사말을 작성해 줘.

◎ 챗GPT

존경하는 관악구 주민 여러분, 그리고 복지센터 개소를 위해 애써 주신 관계자 여러분, 반갑습니다.

오늘 이렇게 뜻깊은 자리에서 인사드릴 수 있어 정말 기쁩니다.

관악구의 복지가 한 단계 더 성장하는 날입니다. 이제 우리 동네 복지도 '업그레이드'됩니다. 여러분이 더 가까운 곳에서, 더 편리하게 복지 서비스를 누릴 수 있도록 준비했습니다. 이제 복지는 '찾아가는 서비스'가 아니라, '바로 옆에 있는 서비스'가 되어야 하지 않겠습니까?

이 복지센터가 단순히 문서와 상담이 오가는 곳이 아니라, 주민 여러분이 언제든 편하게 들러서 따뜻한 차 한잔을 나누고, 마음을 나눌 수 있는 공간이 되길 바랍니다. '복지'라는 말이 거창하게 들릴 수도 있지만, 결국 중요한 건 "이웃끼리 서로 더 잘 챙기고, 더 많이 웃을 수 있는 것" 아니겠습니까?

오늘 이 자리를 빛내 주신 모든 분들께 감사드리며, 앞으로도 "필요할 때 꼭 찾아오는 복지, 든든한 관악구"를 만들기 위해 최선을 다하겠습니다. 복지센터 개소를 진심으로 축하드립니다!

감사합니다.

※ 클로드

안녕하세요, 존경하는 관악구 주민 여러분, 그리고 오늘 이 뜻깊은 자리에 함께해 주신 내외 귀빈 여러분!

관악구의회 의원 ○○○입니다. 오늘 우리 관악구 복지센터 개소식에 이렇게 많은 분들이 참석해 주셔서 정말 감사합니다.

여러분, 복지센터가 문을 연다는 것은 무슨 의미일까요? 제가 생각하기에는 마치 좋은 이웃이 이사 온 것과 같습니다. 어려울 때 쌀 한 컵 빌려주고, 아플 때 약국에 같이 가 주는 그런 이웃 말이죠. 다만 우리 복지센터는 쌀 한 컵이 아니라 따뜻한 마음 한 바가지를 나눠 드리러 왔습니다!

관악산이 우리 구민들의 건강을 지켜주듯, 이 복지센터는 우리 구민들의 행복을 지켜주는 든든한 버팀목이 될 것입니다. 이제 더 이상 "복지가 뭐예요?"라는 질문은 없을 겁니다. 대신 "복지센터에서 오늘은 또 무슨 좋은 일을 해 주시나요?"라는 질문만 남게 될 것입니다.

지금까지 복지가 '그들만의 리그'였다면, 이제는 '우리 모두의 축제'가 될 것입니다. 아이부터 어르신까지, 한 분도 소외됨 없이 모두가 함께하는 관악구를 만들어 가겠습니다.

마지막으로, 오늘의 개소식이 있기까지 밤낮으로 수고해 주신 모든 관계자 분들께 진심으로 감사드립니다. 여러분의 땀과 노력이 헛되지 않도록, 우리 관악구의회도 적극 지원하겠습니다.

우리 관악구 주민 여러분! 복지는 멀리 있는 것이 아니라, 바로 우리 곁에 있습니다. 이제 그 따뜻한 손길을 함께 나눠 보시지 않겠습니까?

감사합니다!

격식 있는 인사말을 AI가 자동으로 정리해 주고, 행사의 목적과 참석자에 맞춰 자연스럽게 내용을 구성해 줍니다. 여기에 추가적으로 개인적인 경험이나 감동적인 요소를 더해 활용하는 것도 가능합니다.(직접 작업 또는 추가 요청) 두 AI 도구가 각각의 특징이 있으므로 둘 다 활용해 보고 마음에 드는 부분을 뽑아서 활용할 수도 있습니다.

추가 작업을 요청하고자 한다면, 예를 들어 "지난 ○월에 관악구 지역에 있었던 홍수 재난 상황을 반영하고 해서 다시 작성해 줘"와 같은 방식으로 요청할 수 있습니다.

4절. 연설문 작성

연설문은 정책 발표, 의회 발언, 주민 대상 연설 등 다양한 상황에서 필요합니다. 또 선거 유세문도 일종의 연설문입니다. AI는 방대한 연설문 데이터를 학습하여 논리적이고 설득력 있는 연설문 원고를 생성하는 데 도움을 줍니다.

정치는 말로 하는 직업입니다. 연설은 정치인에게 매우 중요한 요소이고, 정치인의 철학과 정책, 지향을 보여주는 정수이기도 합니다. 연설문은 단순히 정보를 전달하고 설득을 하는 것을 넘어 청중에게 감동과 영감을 주는 것이 중요합니다. 이를 위해서는 명확한 구조와 설득력 있는 메시지가 필요합니다. 이러한 연설문을 만들기 위해 초보적 단계에서 AI를 활용해 보시기 바랍니다.

AI를 이용하여 연설문을 작성할 때는 연설 목적 및 핵심 메시지를 입력해야 합니다. 정책 발표인지, 의회 연설인지, 주민 설명회인지, 아니면 선거에서의 유세인지 목적을 분명히 합니다. 그리고 핵심 메시지를 문장이나 핵심 단어 형태로 입력하고, 추가로 참고할 만한 다른 연설문 자료를 함께 첨부하는 것도 원하는 연설문을 얻는 데 도움이 될 수 있습니다. 아래에 역시 같은 질문으로 챗GPT와 클로드에서 얻은 각각의 연설을 예시하겠습니다.

⑦ 경기도의원이 할, 지역 경제 활성화를 주제로 한 연설문 초안을 작성해 줘.

챗GPT

존경하는 경기도민 여러분, 그리고 이 자리에 함께해 주신 관계자 여러분, 반갑습니다.

오늘 저는 경기도의 지역 경제 활성화라는 중요한 주제로 여러분과 이야기를 나누고자 합니다. 경기도는 대한민국 경제의 중심지이자 혁신의 허브입니다. 하지만 최근 경기 침체와 소비 위축으로 인해 지역 상권이 위기를 맞고 있으며, 많은 소상공인과 기업들이 어려움을 겪고 있습니다. 이제는 경기도 경제를 다시 도약시킬 현실적인 해법을 마련해야 합니다.

첫째, 지역 상권과 소상공인을 살리겠습니다. 전통시장과 골목상권은 지역 경제의 뿌리입니다. 경기도형 지역화폐를 확대하고, 소상공인의 부담을 덜어주는 맞춤형 지원책을 강화하겠습니다. 또한, 지역 특화 상품과 전통시장 활성화 사업을 적극 추진하여 지역 내 소비가 더욱 활발해질 수 있도록 돕겠습니다.

둘째, 미래 산업을 육성하여 지속 가능한 성장 기반을 마련하겠습니다. 경기도는 IT, 바이오, 친환경 산업 등 미래 신산업의 중심지입니다. 스타트업과 중소기업이 성장할 수 있도록 창업 지원과 연구개발(R&D) 투자를 확대하고, 기업이 지역 내에서 더욱 활발히 활동할 수 있도록 규제 완화 및 투자 유치를 적극 추진하겠습니다.

셋째, 양질의 일자리를 창출하고 인재를 육성하겠습니다. 좋은 일자리는 튼튼한 지역 경제의 가장 중요한 요소입니다. 청년부터 중장년층까지 안정적으로 일할 수 있도록 맞춤형 취업 지원과 직업 교육 프로그램을 확대하겠습니다. 또한, 지역 기업과 협력하여 산업 맞춤형 일자리 창출 사업을 활성화하고, 지역 내 고용이 확대될 수 있도록 적극 지원하겠습니다.

넷째, 경기도의 강점을 살린 지역 관광과 문화산업을 키우겠습니다. 경기도는 역사와 자연, 그리고 다양한 문화 콘텐츠가 어우러진 관광 자원이 풍부한 곳입니다. 지역별 특색을 살린 관광 인프라를 강화하고, 문화예술 산업을 적극 지원하여 내수 경제를 활성화하고, 관광이 지역 경제 성장으로 이어지도록 만들겠습니다.

"지역 경제가 살아야 도민이 웃고, 도민이 웃어야 경기도가 성장합니다." 이제는 실질적인 변화를 만들어야 할 때입니다. 경기도민 한 분 한 분의 삶이 더 나아질 수 있도록, 지역 경제를 살리는 정책을 적극 추진하겠습니다. 여러분과 함께 더 튼튼한 지역 경제, 더 활력 있는 경기도를 만들어 나가겠습니다.

감사합니다.

클로드

존경하는 경기도민 여러분, 그리고 내외 귀빈 여러분!

오늘 이 자리에서 우리 경기도의 미래, 특히 지역경제 활성화라는 중요한 주제로 여러분께 말씀드리게 되어 매우 뜻깊게 생각합니다.

경기도는 대한민국 경제의 심장부로서, 우리나라 GDP의 약 4분의 1을 차지하는 경제 중심지입니다. 하지만 최근 코로나19 여파와 글로벌 경제 불확실성으로 인해 우리 지역 소상공인과 중소기업들이 많은 어려움을 겪고 있는 것이 현실입니다.

저는 오늘 이 자리에서 경기도의 지역경제를 다시 일으켜 세우기 위한 비전과 실천 방안을 여러분과 공유하고자 합니다.

첫째, '경기도형 지역특화산업' 육성에 집중하겠습니다. 우리 경기도 31개 시군은 각각 고유한 특성과 강점을 갖고 있습니다. 성남의 IT 산업, 화성과 안산의 제조업, 고양의 방송영상 콘텐츠, 수원의 반도체 등 지역별 특화산업을 더욱 강화하고 연계하여 시너지를 창출하겠습니다.

둘째, '디지털 전환 지원 사업'을 확대하겠습니다. 중소기업과 소상공인들이 디지털 경제 시대에 뒤처지지 않도록 스마트공장 구축, 온라인 판로 지원, 디지털 마케팅 교육 등 실질적인 지원책을 마련하겠습니다. 특히 경기도 전역에 '디지털 전환 지원센터'를 확충하여 현장에서 즉각적인 도움을 받을 수 있도록 하겠습니다.

셋째, '청년 창업 생태계'를 조성하겠습니다. 경기도의 미래는 청년들에게 달려 있습니다. 창업 인큐베이팅 시스템을 강화하고, 청년 창업가들에게 세제 혜택과 함께 안정적인 경영 환경을 제공하여 혁신의 불씨를 지피겠습니다. 올해부터는 '경기청년창업펀드'를 2배로 확대하여 더 많은 청년들이 도전할 수 있는 기회를 마련하겠습니다.

넷째, '경기도 상생 협력 네트워크'를 구축하겠습니다. 대기업과 중소기업, 소상공인이 함께 성장할 수 있는 상생 협력 모델을 발굴하고 지원하겠습니다. 특히 지역 내 대학, 연구소, 기업 간 산학연 협력을 더욱 강화하여 지식과 기술의 선순환을 이루어내겠습니다.

마지막으로, '지역 소비 촉진 캠페인'을 적극 추진하겠습니다. 지역화폐 사용 활성화, 경기도 우수 제품 홍보, 지역 축제와 연계한 소비 진작 정책 등을 통해 지역 내 소비를 늘리고 경제에 활력을 불어넣겠습니다. '내 돈은 내 지역에서'라는 슬로건 아래, 1억 원의 소비가 지역에서 순환되면 약 3억 원의 경제적 파급효과가 있다는 점을 잊지 말아 주십시오.

존경하는 경기도민 여러분! 경기도의 지역경제 활성화는 결코 하루아침에 이루어질 수 없습니다. 그러나 우리 모두가 한마음 한뜻으로 노력한다면, 반드시 새로운 도약을 이룰 수 있을 것입니다. 경기도의회는 언제나 도민 여러분과 함께 호흡하며, 지역경제의 든든한 버팀목이 되겠습니다.

여러분의 지지와 협조를 부탁드립니다. 경기도의 밝은 미래를 함께 만들어 갑시다!

감사합니다.

이렇게 생성된 초안을 바탕으로 추가 요구를 더하여 업그레이드된 연설문을 받아 볼 수도 있습니다. AI가 초안을 빠르게 작성하여 제시해 주는 만큼 의원 본인은 그 내용의 수정과 보완에 집중할 수 있습니다. 앞의 사례들과 마찬가지로 연설문과 관련된 주요한 자료, 키워드를 상세하게 제공하면 할수록 AI가 그 자료들을 학습하여 자연스러운 문장과 논리적 흐름을 갖춘 초안을 제공하고, 입력한 키워드와 상황에 맞춰 AI가 최적의 문구를 추천해 주기도 합니다. 여기에 본인만의 경험이나 감성을 추가하면 좀 더 감동적인 연설문을 작성할 수 있을 것입니다.

5절. SNS 홍보

1. 나만의 아바타 만들기

각종 SNS를 활용해 주민들과 소통하는 것은 지방의원들의 필수 활동이 되었습니다. 지역 주민들과의 소통방이나 유튜브 제작, 혹은 블로그나 페이스북 등에서 주민들께 좀 더 친근하게 다가가기 위해 귀여운 아바타를 만들어 활용해 봅시다.

요즘 스마트폰에 있는 수많은 카메라 앱들이 AI 기술을 활용하여 아바타를 만들 수 있게 도움을 주고 있습니다. 그 중 몇 가지를 소개해 드립니다.

'보일라'나 '샤인(SHINE)'은 귀여운 캐릭터를 만들어 주는 데 특화된 앱입니다. 이런 앱들을 이용하여 저의 아바타를 여러 가지 만들어 보았습니다. 이렇게 만들어진 아바타를 카톡 프로필이나 블로그 등에 적절히 활용한다면 좀 더 친근한 지역 정치인으로 다가갈 수 있게 될 것입니다.

귀여운 캐릭터가 아니라 멋지고, 예쁜 캐릭터를 만들고 싶다면, '뷰티

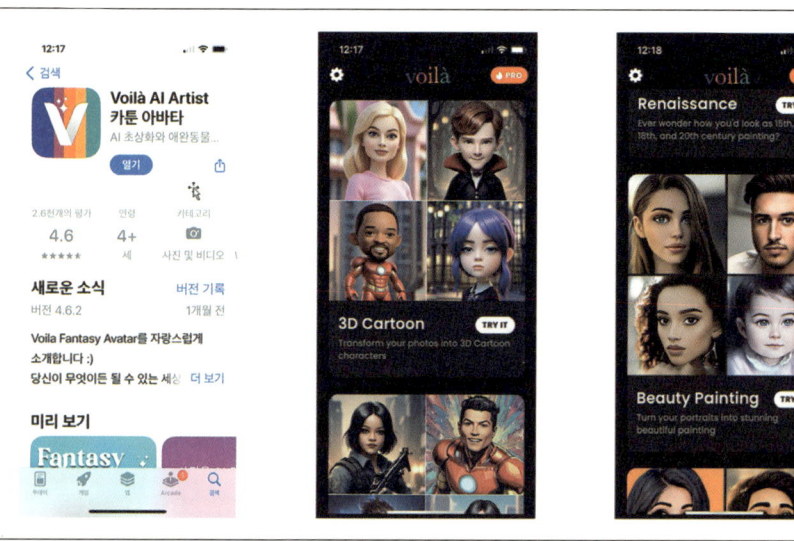

〈그림22〉 캐릭터를 만드는 데 특화된 보일라와 샤인

제2장_ AI를 통한 효율적인 의정 홍보 **123**

플러스(BeautyPlus)'의 'AI 인물사진' 기능을 추천드립니다. 본인 사진 12장 정도를 업로드하면 다양한 각도에서 인물을 인식하여 정교하게 아바타를 만들어 줍니다. '밝은색 정장', '짙은색 정장', '정장에 셔츠', '셔츠' 등 의복도 선택할 수 있어서 특히 정치인의 프로필 용 아바타를 만드는 데 유용합니다.

2. 카드뉴스 제작

카드뉴스는 시민들과 소통하는 데 매우 효과적인 매체입니다. 카드뉴스도 AI를 활용하면 쉽고 빠르게 제작할 수 있습니다.

카드뉴스를 자동으로 만들어 주는 프로그램은 여러 가지가 있습니다. 텍스트 프롬프트를 기반으로 디자인까지 자동 생성해 주는 기능을 갖춘 프로그램을 몇 가지만 소개하겠습니다.

(1) 캔바(Canva, 웹 기반, 무료/유료)
▶특징: 다양한 카드뉴스 템플릿 제공, 드래그 앤 드롭 방식
▶사용법: 텍스트 입력 후, 원하는 디자인을 선택하고 자동 배치
▶URL: https://www.canva.com

(2) 어도비 익스프레스(Adobe Express, 구 Adobe Spark, 웹/모바일, 무료/유료)
▶특징: 간단한 클릭으로 카드뉴스 제작, AI 추천 디자인 제공
▶사용법: 제목과 내용 입력하면 적절한 디자인 추천

▶URL: https://www.adobe.com/express/

(3) 픽토차트(Piktochart, 웹 기반, 무료/유료)

▶특징: 인포그래픽, 카드뉴스, 보고서 등에 최적화

▶사용법: 프롬프트 입력하면 자동으로 인포그래픽 스타일 카드뉴스 생성

▶URL: https://piktochart.com

(4) 비즘(Visme, 웹 기반, 무료/유료)

▶특징: 카드뉴스뿐 아니라 프레젠테이션, 포스터 제작

▶사용법: 텍스트 입력하면 AI 기반 추천 템플릿 제공

▶URL: https://www.visme.co

(5) 심플리파이드(Simplified, 웹 기반, AI 디자인 자동화)

▶특징: AI가 카드뉴스 디자인을 자동 생성

▶사용법: 텍스트 입력하면 AI가 디자인 배치까지 완료

▶URL: https://www.simplified.com

이 중에서 캔바나 어도비 익스프레스는 초보자도 쉽게 사용할 수 있고, 심플리파이드는 AI를 활용해 자동 디자인을 생성하는 기능이 강력합니다. 어떤 도구든 직접 사용해 보면서 본인에게 가장 적합한 것을 선택하면 좋습니다.

이 중에서 픽토차트를 직접 시연해 보겠습니다. ①우선 픽토차트 사이트에서 회원가입을 하면 홈 화면에 다음과 같은 창이 나옵니다.(〈그림23〉

〈그림23〉 픽토차트 초기 화면

참조) ②그리고 'AI가 만든 비주얼-몇 초 만에 주제를 시각적 자료로 바꿔보세요. 새로운 AI 시각적 생성기를 사용해 보세요.'라는 창이 뜹니다. 여기에서 'AI 비주얼 생성'을 클릭합니다. ③그러면, 'AI 기반 시각적 생성기'로 들어가 템플릿 형식을 선택하라고 합니다. ④이 중 '소셜미디어'를 선택해 보세요. 각각의 템플릿 형태 밑에 적용 가능한 SNS들이 나옵니다. 활용하려는 SNS에 적합한 템플릿을 선택하면 활용도가 높아집니

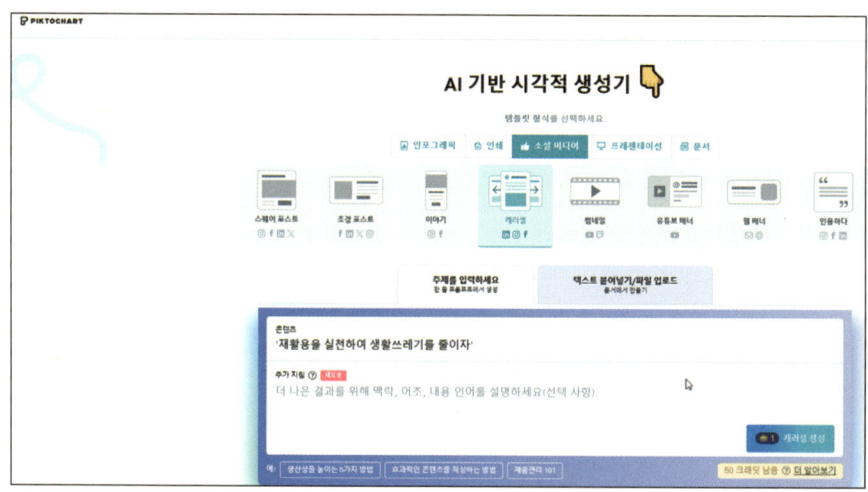

〈그림24〉 픽토차트 AI 기반 시각적 생성기 화면

다. ⑤이들 중 '캐러셀'을 선택하여 여러 장의 카드뉴스를 만들어 봅시다. '캐러셀'이라고 쓰여 있는 곳 아래쪽에서, '주제를 입력하세요'를 선택하여 한 줄 프롬프트에서 카드뉴스를 생성할 수도 있고, '텍스트 붙여넣기/파일 업로드'를 선택하여 문서를 통해 카드뉴스를 만들 수도 있습니다.

저는 '한 줄 프롬프트로 카드뉴스'를 생성해 보았습니다. 프롬프트 창에 '재활용을 실천하여 생활 쓰레기를 줄이자'라고 한 줄의 프롬프트를 적어 넣었습니다.

그러자, 다음과 같은 카드뉴스가 생성됩니다.

〈그림25〉 "재활용을 실천하여 생활쓰레기를 줄이자"라는 프롬프트로 생성한 카드뉴스

생성된 카드뉴스는 오른쪽 상단 '회전목마' 편집을 클릭하면, 편집도 가능합니다. 텍스트나 그림 등을 바꿔서 나, 또는 우리 지역에 맞는 내용과 디자인으로 바꿀 수 있습니다. 이렇게 완성된 카드뉴스는 PNG 포맷으로 다운로드할 수도 있고, 공유하기도 됩니다.

카드뉴스를 활용하면, 의정홍보뿐 아니라 선거 홍보도 효율적으로 할 수 있습니다. 이제 더 이상 텍스트의 시대가 아닙니다. 시각적 요소를 적극적으로 활용하는 지방의원이 되시기 바랍니다.

3. 블로그 관리

OpenAI에서 만든 챗GPT에는 여러 AI 툴이 있습니다. 이 중에는 블로그 글을 써 주는 툴도 있습니다. 왼쪽 목록에서 'GPT 탐색'을 들어가면 검색창이 나옵니다. 여기에 '네이버 블로그'라고 작성해 보세요.

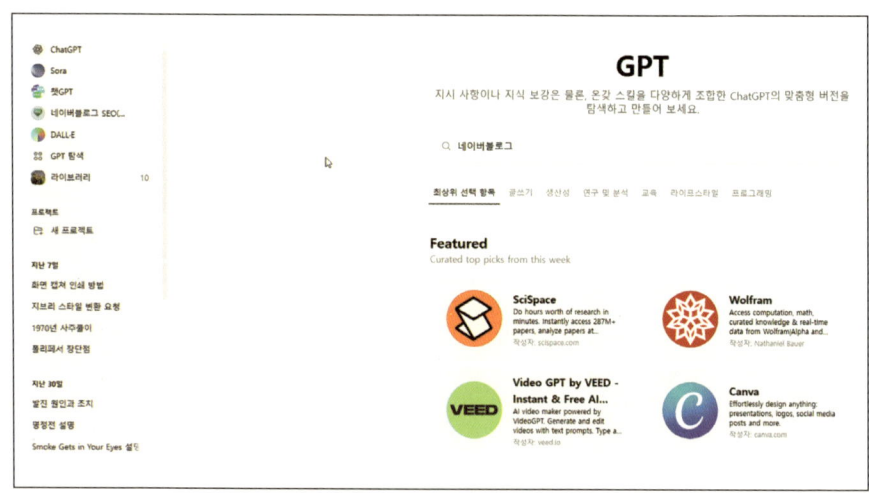

〈그림26〉 챗GPT의 GPT 탐색 화면

그러면, '네이버 블로그 SEO (네이버 검색엔진 최적화) 글쓰기 도우미'라는 GPTs가 나옵니다. 여기에서 채팅을 시작해 봅시다.

프롬프트를 작성하면, 톤&스타일, 강조하고 싶은 메시지, 이미지&링크를 확인해 달라고 합니다. 이 내용을 구체적으로 알려 주면 더욱 원하는 블로그 글의 형태로 만들어 줍니다.

그조차 귀찮다면 그냥 다시 요구해 보세요. 그러면, 또 그에 맞춰 AI가 알아서 블로그 글을 작성해 주기도 합니다.

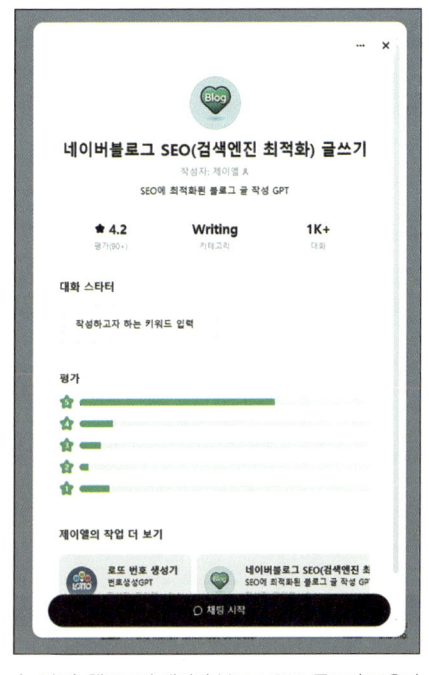

〈그림27〉 챗GPT의 네이버 블로그 SEO 글쓰기 도우미

'웍스 AI'를 이용해서 블로그 글을 작성할 수도 있습니다. '웍스 AI'에서 '블로그 작성 비서'를 찾아서 거기에 원하는 블로그 글의 내용과 형태를 요구하면 훌륭한 결과물을 보여줍니다.

> http://www.mygoyang.com/news/articleView.html?idxno=54894 이 내용을 담아 장상화 시의원의 의정활동을 홍보하는 블로그 글을 장상화 시의원이 자기 블로그에 쓰는 방식으로 작성해 줘.

💠 안녕하세요~ 장상화입니다!

요즘 다들 잘 지내고 계시죠? 오늘은 제가 의정활동 중에 정말 중요한 이슈 하나를 여러분께 공유해 드리려고 해요. 제가 직접 발로 뛰어가며 진행한 이야기라 더할 나위 없이 뿌듯하고 책임감도 느껴져서요! 다들 관심 가져 주시면 너무 감사할 것 같아요.

최근 '초등돌봄교실 확충 및 개선 필요성'에 대해 다뤘는데요~! 요즘 맞벌이 부부나 한부모 가정이 점점 많아지는 만큼, 아이들 돌봄이 정말 중요한 문제더라고요. 상황이 이렇다 보니, 초등학교에서 운영하는 돌봄교실 수요는 폭발적으로 늘어나는 여기저기 여러 문제점들도 함께 나타나고 있더라고요.

그래서 제가 이 문제를 제대로 살펴보고, 개선할 방법들을 찾기 위해 직접 학교 돌봄교실 현장을 방문했어요! 실제로 부모님 들과 아이들을 만나고,

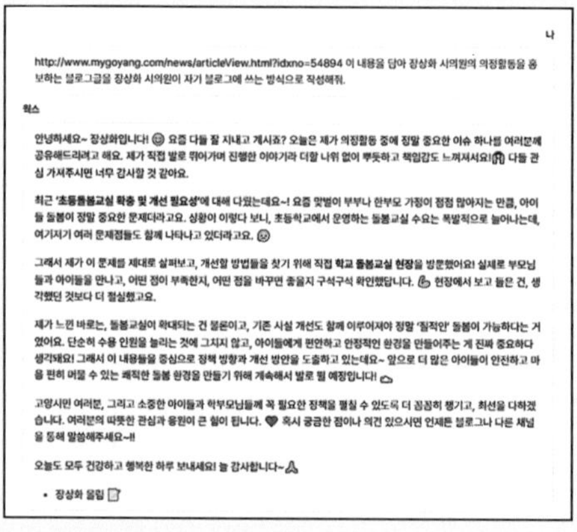

〈그림28〉 AI가 내놓은 블로그 형식 결과물

어떤 점이 부족한지, 어떤 점을 바꾸면 좋을지 구석구석 확인했답니다. 현장에서 보고 들은 건, 생각했던 것보다 더 절실했고요.

제가 느낀 바로는, 돌봄교실이 확대되는 건 물론이고, 기존 시설 개선도 함께 이루어져야 정말 '질적인' 돌봄이 가능하다는 거 있어요. 단순히 수용 인원을 늘리는 것에 그치지 않고, 아이들에게 편안하고 안정적인 환경을 만들어 주는 게 진짜 중요하다 생각돼요! 그래서 이 내용들을 중심으로 정책 방향과 개선 방안을 도출하고 있는데요~ 앞으로 더 많은 아이들이 안전하고 마음 편히 머물 수 있는 쾌적한 돌봄 환경을 만들기 위해 계속해서 발로 뛸 예정입니다!

고양시민 여러분, 그리고 소중한 아이들과 학부모님들께 꼭 필요한 정책을 펼칠 수 있도록 더 꼼꼼히 챙기고, 최선을 다하겠습니다. 여러분의 따뜻한 관심과 응원이 큰 힘이 됩니다. 혹시 궁금한 점이나 의견 있으시면 언제든 블로그나 다른 채널 을 통해 말씀해 주세요~!!
오늘도 모두 건강하고 행복한 하루 보내세요! 늘 감사합니다~

그런데, 여기서 주의할 점 하나! 지금까지 블로그 글쓰기 예시문을 보면서 혹시 이상한 것을 느끼지 못하셨나요? AI 활용에 있어 항상 주의해야 할 것이 있습니다. 바로 '할루시네이션'. 그럴듯한 거짓말을 AI는 천연덕스럽게 너무 잘한다는 겁니다. 사실, 위 블로그 글을 생성하게 한 명령문에서 제시한 기사 링크는 전혀 엉뚱한 기사입니다.(《그림29》 참조) 이 링크를 찾아보지 않으면 마치 이 기사가 초등돌봄교실 관련 기사일 거라 착각하게 됩니다. 하지만, 이 기사는 '성별 임금격차 개선조례' 관련 기사입니다. 이 능청스런 AI를 잘 활용하면 지방의원으로서 하는 수고로움을 무척 많이 덜 수 있지만, 반드시 점검하고 체크해야 한다는 것 잊지 마세요, 꼭!

〈그림29〉 AI는 전혀 엉뚱한 결과를 내놓을 수도 있으므로 체크는 필수다.

6절. 영상 제작

의정활동의 효과적인 소통과 홍보 수단으로 영상 콘텐츠의 중요성이 날로 커지고 있습니다. 그동안 전문 인력이나 장비 없이 양질의 영상을 제작하는 것은 쉽지 않은 일이었습니다. 이제 AI 기술이 든든한 전문 조력자가 되어줄 수 있습니다.

이 가이드북에서는 복잡한 전문 지식 없이 AI를 활용하여 의정활동, 지역 현안, 주민과의 소통을 위한 다양한 영상을 손쉽게 제작하는 방법을 소개해 드립니다. 의원으로서의 메시지를 더욱 효과적으로 전달하고, 주민들과의 소통을 강화하는 데 실질적인 도움이 될 것입니다.

1. AI 영상 제작 도구

1) 파워디렉터(Power Director) 365

파워디렉터는 초보자부터 전문가까지 모두가 사용할 수 있는 다재다능한 AI 영상 편집 프로그램입니다.

- 주요 기능:
  - ▶즉각적인 AI 제작: 음성 명령으로 이미지, 스티커, 자막 생성
  - ▶AI 바디 효과: 움직임에 따라 시각 효과 적용
  - ▶AI 물체 감지 및 추적
  - ▶AI 복원 도우미: 배경 소음 제거
- **활용 팁:** 의정활동 보고 영상을 만들 때 AI 물체 감지 기능을 사용해 주요 인물이나 장소를 자동으로 하이라이트할 수 있습니다.

2) **픽토리**(Pictory)

픽토리는 AI를 활용하여 텍스트 기반 콘텐츠를 쉽고 빠르게 영상으로 변환할 수 있는 강력한 도구입니다.

- 주요 기능:
  - ▶AI로 강화된 영상 제작
  - ▶다양한 화면비 지원
  - ▶내레이션 추가 기능
  - ▶템플릿 라이브러리
- **활용 팁:** 정책 설명이나 지역 소식을 텍스트로 작성한 후 Pictory를 사용해 빠르게 영상으로 변환할 수 있습니다.

2. AI 영상 제작 방법

1) 콘텐츠 입력

텍스트, 기사, URL, PPT, 이미지 등 다양한 형태의 콘텐츠를 입력할 수 있습니다. 스크립트를 직접 작성하거나 기존 콘텐츠의 링크를 복사하여 텍스트 상자에 붙여넣기만 하면 됩니다.

2) AI 자동 영상 생성

입력된 텍스트를 기반으로 AI가 자동으로 영상을 생성합니다. AI가 콘텐츠의 맥락과 뉘앙스를 이해하고, 이에 맞는 적절한 이미지와 비디오 클립을 추천합니다.

3) 음성 및 자막 추가

AI 내레이션 및 음성 더빙 기능을 제공합니다. 다양한 음성 해설 옵션 중 선택할 수 있어 별도로 음성을 녹음할 필요가 없습니다. 음성을 텍스트로 변환하여 자동으로 자막을 생성합니다.

4) 편집 및 커스터마이징

스토리보드 형식의 편집 UI를 제공하여 초보자도 쉽게 사용할 수 있습니다. 템플릿 기반 제작이 가능하며, 다양한 틈새시장과 산업에 맞춘 맞춤형 템플릿을 제공합니다. 폰트, 텍스트 스타일, 배경 음악 등을 조정하여 브랜드 정체성에 맞게 커스터마이징할 수 있습니다.

5) SEO 최적화 및 기능 추가

내장 SEO 도구를 통해 검색 엔진에서 영상의 순위를 높일 수 있습니다. 행동 유도 버튼, 인터랙티브 설문조사, 전자상거래 기능 등을 쉽게 통합할 수 있습니다.

3. 의정 홍보 영상 만들기

브루(Vrew)는 텍스트 기반의 영상을 쉽고 빠르게 제작할 수 있는 AI 프로그램입니다. 여러 영상 생성 프로그램 중에 이 책에서는 브루를 활용하여 '의정 홍보 영상 만들기'를 해 봅시다.

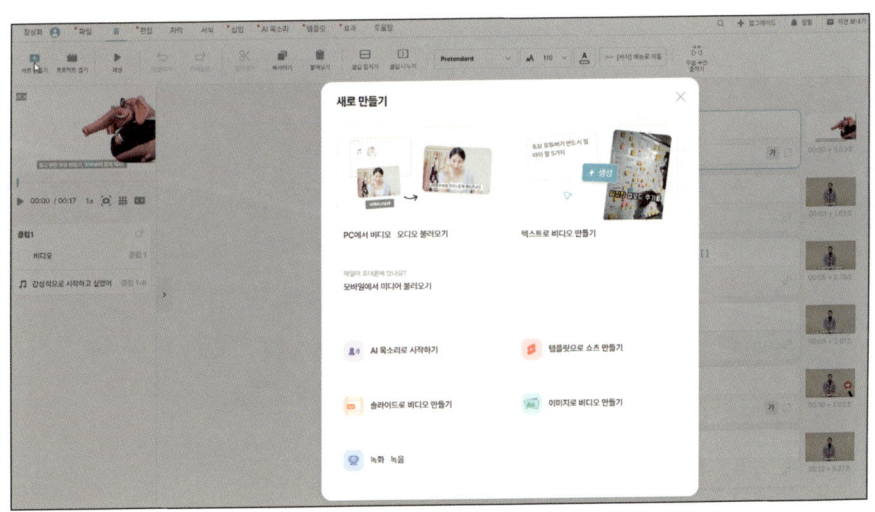

〈그림30〉 영상 생성 AI 브루의 화면

1) 시작

브루 프로그램을 실행한 후 '새로 만들기'–'텍스트로 비디오 만들기'를 선택합니다. '텍스트로 비디오 만들기'를 선택하면, 영상의 종류를 고를 수 있습니다. 유튜브 용, 쇼츠 용, 인스타그램 용 중에서 원하는 영상의 사이즈를 골라 보세요. 여기서는 유튜브 용으로 만드는 과정으로 예시해 보겠습니다. 부수적으로 AI 성우를 선택하고, 영상 가로 세로 비율을 선택하는 과정이 있습니다.

그 다음에는 어떤 비디오 스타일로 할지 정해야 합니다. 지금 진행하려는 예시 과정은 의정활동 홍보이니 '제품 홍보 영상 스타일'을 선택합니다.

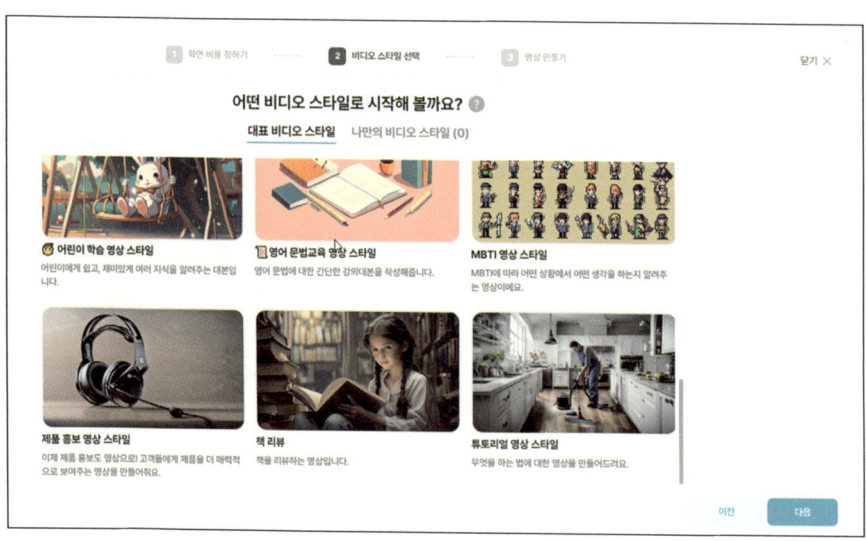

〈그림31〉 영상 생성 AI 브루의 비디오 스타일 선택 화면

2) 주제 입력

만들고자 하는 영상의 주제를 입력합니다. AI가 이를 바탕으로 영상 콘텐츠를 생성합니다. "○○시의원 ○○○의 의정활동을 홍보하는 영상을 제작해 줘."라고 해 봅시다.

3) 대본 작성 및 영상 요소 선택

'대본 이어쓰기' 기능을 사용하여 AI의 도움을 받아 대본을 작성합니다. 이때 브루(Vrew)가 대본을 만들어 줄 수도 있습니다. 하지만 브루의 대본 생성 기능은 그다지 만족스럽지 않을 수 있습니다. 그럴 땐 다른 AI의 도움을 받을 수 있습니다. 저는 챗GPT와 클로드에서 저에 대한 정보를 물어보고 그 내용을 대본에 덧붙여 기존의 대본을 수정해 보았습니다. 막막할 땐 일단 AI에게 물어보는 것부터 시작하는 습관을 가져 봅시다. 그럼 AI가 무척 친숙해지고, 훨씬 더 잘 활용하게 될 것입니다.

영상 요소(이미지, 비디오 스타일, 색상 톤 등)를 커스터마이징할 수 있습니다. 생성된 영상에선 문구와 비슷한 내용의 영상이나 사진들을 AI가 임의로 만들어서 영상을 제작합니다. 다만, 브루(Vrew)에서 제공되는 사진이나 영상에는 주로 외국인이 등장하고, 미래 관련 영상이나 일반적인 사진, 영상이 주를 이루므로 의원 개인에 대한 커스터마이징이 필요합니다.

실제 영상에 포함되어야 하는 의원 개인의 사진이나 의정활동 영상이 있다면 컴퓨터에 미리 저장해 두고 활용하면 좋습니다. 문장별로 나누어서 영상이나 사진, 목소리 등을 설정할 수 있게 되어 있습니다.

사진이 있는 좌측 체크 아이콘을 클릭하면서 채우기, 애니메이션, 교

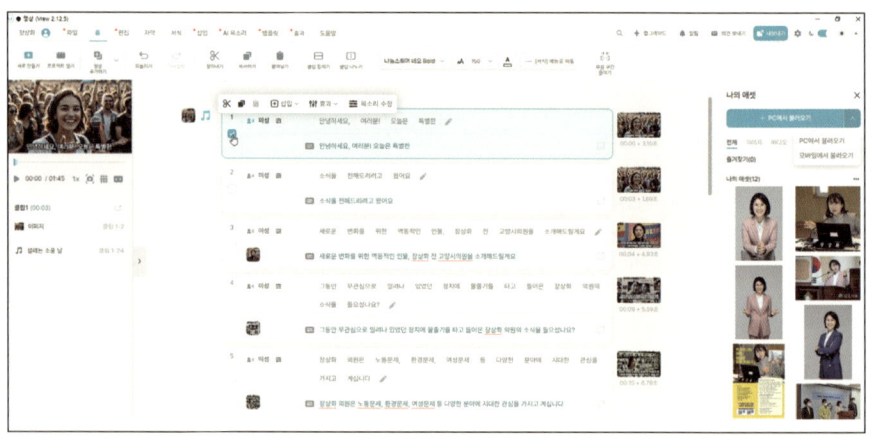

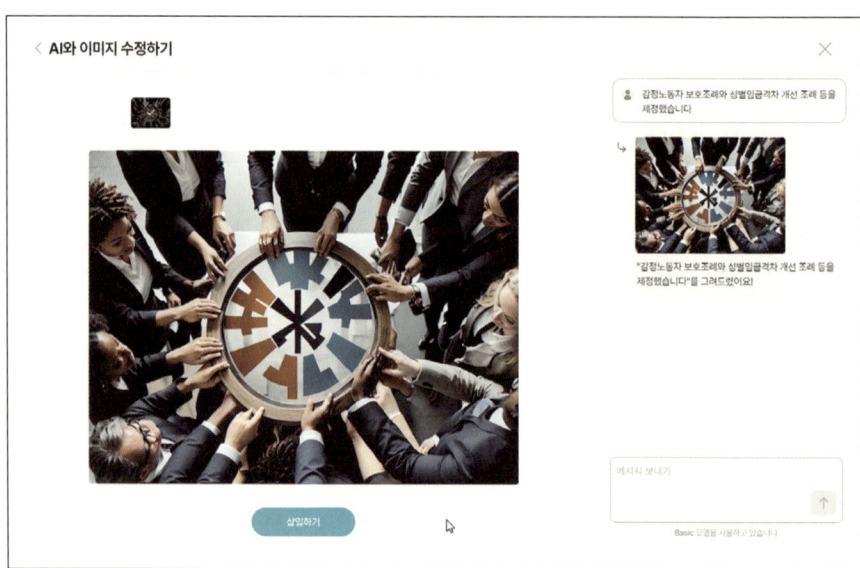

〈그림32〉 영상 생성 AI 브루의 영상 및 이미지 수정 화면

체 등을 선택해 나갈 수 있습니다. 대본을 다시 수정할 수도 있고, 사진이나 영상을 수정할 수도 있습니다. '교체'를 눌러 사진이나 영상을 수정합니다.

다른 이미지 또는 비디오로 교체하기로 들어가서 '이미지 1장 생성'을 클릭하면, AI가 적절하다고 판단하는 영상이나 사진을 제시합니다. 그 중에서 골라도 되고, 영 마음에 들지 않는다면, 오른쪽 상단에 있는 'PC에서 불러오기'를 클릭하여 컴퓨터 안에 저장해 두었던 사진이나, 영상을 업로드할 수 있습니다. 그러면, 의원님 만의 영상이나 사진이 업로드됩니다.

그래도 영상이 마음에 들지 않는다면, 'AI와 이미지 수정하기'를 클릭하고, AI에게 프롬프트로 원하는 그림의 이미지를 명령해 보세요.

4) AI 음성 생성

별도의 녹음 없이 AI가 생성한 음성을 사용할 수 있습니다. 다양한 AI 성우 중 선택 가능하며, 속도와 스타일을 조절할 수 있습니다.

5) 내보내기

편집이 완료되면 '내보내기' 버튼을 통해 영상을 인코딩하고 최종 결과물을 얻을 수 있습니다.

〈그림33〉 영상 생성 AI 브루의 영상 내보내기 화면

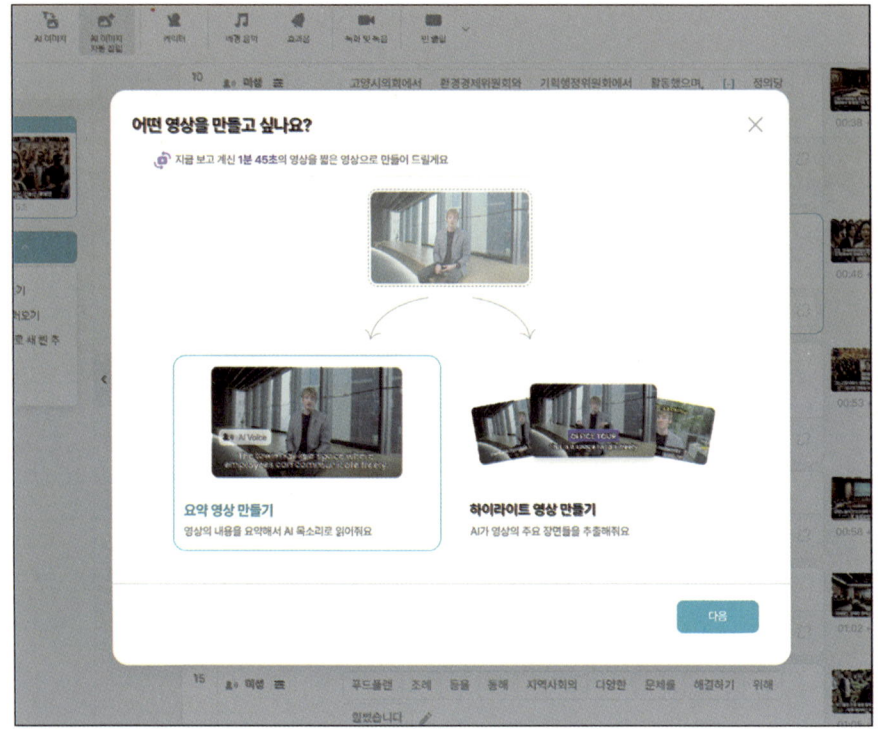

〈그림34〉 영상 생성 AI 브루를 사용해 요약이나 하이라이트 영상을 만들 수 있다

6) 영상 요약하기

최근의 버전에서는 '영상 요약 만들기'와 '하이라이트 영상 만들기' 기능이 추가되어 긴 영상을 요약하여 만들거나 하이라이트 영상을 만들 수도 있습니다.

지금까지 살펴본 바와 같이 AI를 활용한 영상 기술은 이제 더 이상 먼 미래의 이야기가 아닌, '내 손 안의 보좌관'으로 의원들 곁에 있습니다. 이 가이드북에서 소개해 드린 AI 영상 제작 도구들은 의원님의 소중한 시간을 절약하고, 효과적인 의정활동을 지원하는 든든한 조력자가 될 것입니다. 처음에는 낯설게 느껴질 수 있지만, 조금씩 활용해 보면 의외로 간단하고 직관적인 도구라는 것을 알게 될 겁니다. 특히 주민들과의 소통, 정책 홍보, 의정활동 보고 등 다양한 영역에서 AI를 활용한 영상 제작은 의원님의 활동에 새로운 차원의 효율성과 효과를 가져다 줄 것입니다.

　기술은 계속 발전하고 있습니다. 이 가이드북이 의원님께서 디지털 시대의 흐름에 발맞춰 더욱 혁신적인 의정활동을 펼치는 데 작은 도움이 되기를 진심으로 바랍니다. 언제든지 새로운 기술을 두려워하지 말고, 주민과의 소통과 지역 발전을 위한 도구로 적극 활용해 보시길 바랍니다.

제3장_ AI와 함께 승리하는 선거

1절. 선거 전략 수립

 지방의원이나 후보자들은 선거에 임하여 효과적인 전략을 수립하고 지역의 현안에 맞는 정책을 개발하며, 이를 위해 유권자들의 니즈를 정확히 파악하는 것이 핵심 관건이 됩니다. 현대 정치 환경에서 AI 기술은 이러한 과정을 효율적으로 수행할 수 있도록 도와주는 강력한 도구입니다. 앞으로 상당한 기간 동안 이 AI를 활용하는 수준과 정도가 선거 승패를 결정하는 가장 중요한 변수가 될 것입니다. 이 장에서는 AI 도구를 활용하여 선거 전략을 수립하고 유권자를 분석하는 방법을 알아보겠습니다.

1. 유권자 데이터 분석

 유권자 데이터를 분석하는 데 최적화된 AI 도구들은, 복잡한 데이터에서 패턴을 자동으로 분석하는 데이터로보(DataRobot), 데이터 시각화 AI

기능을 탑재한 태블로(Tableau), 마이크로소프트의 비즈니스 인텔리전스, 파워 BI(Power BI) 등 다양합니다.

　하지만, 무슨 일을 할 때마다 AI 툴을 다운로드받을 수도 없을뿐더러 AI 툴들은 우리가 공부하는 이 시간에도 끊임없이 만들어지고 있고, 또 개선되고 있습니다. 이 모든 AI 툴을 우리가 모두 알 수도 없고 굳이 다 알 필요도 없습니다.

　그리고 너무 많은 AI 툴을 사용하다 보면, 소소하게 빠져나가는 구독료가 상당할 뿐 아니라, 기술 종속이나 의존도가 심해져서 사용자(의원)의 주체성을 잃어버릴 우려마저 생기게 됩니다. AI도 도구인 이상 본질적으로 중요한 것은 도구 사용의 주체, 즉 사람(의원, 후보자)이라는 점을 간과해서는 안 됩니다.

　이런 점들을 염두에 두고, 지금껏 배운 내용을 활용하여 조금씩 앞으로 나아가 보려고 합니다. 생성형 AI 몇 개를 활용해 선거 전략 수립의 첫 번째 단계인 유권자 분석과 선거 전략 구성을 진행해 보겠습니다.

　중앙선거관리위원회 홈페이지에 들어가면 역대 선거 투표율 분석 자료가 있습니다. 그 외에도 선거 홍보 자료 등 다양한 자료들이 있으니 최대한 활용하시기 바랍니다.

　이 자료들을 다운로드해 보세요. 직전 선거는 물론이고, 그 이전 선거까지 자료를 취합하면 우리 지역구 선거의 큰 흐름을 파악할 수 있습니다. 자료들이 대체로 PDF 파일로 되어 있습니다.

　앞쪽 의정활동 분야에서 언급했던 것처럼 챗GPT나 웍스 AI 등에 PDF 파일을 업로드하고 선거 데이터를 분석할 수 있습니다. 예를 들면, 지난 세 번의 선거 데이터를 분석한 결과, 30-40대 여성 유권자들의 투표율

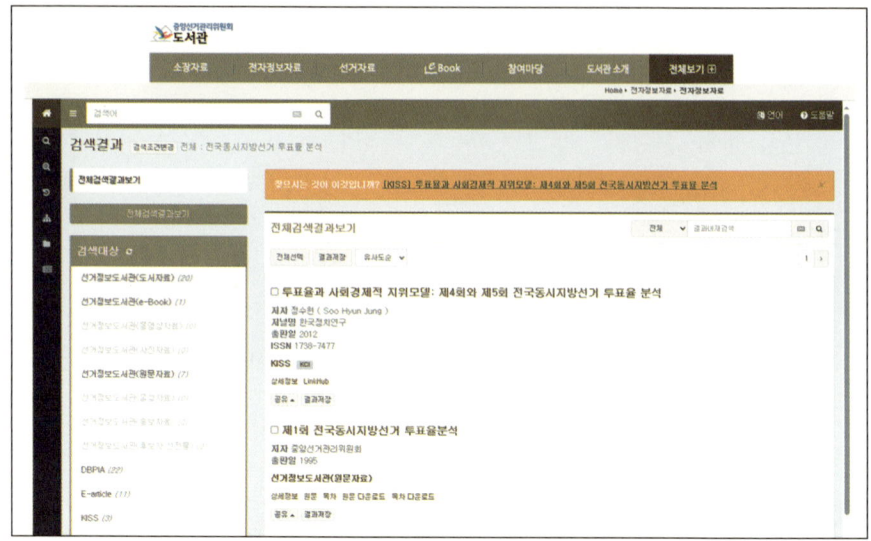

〈그림35〉 중앙선거관리위원회 역대 선거 투표율 분석 자료

이 낮지만 이들이 투표에 참여할 경우 자신을 지지하는 경향이 높다는 패턴을 발견했다고 가정해 봅시다. 이 정보를 바탕으로 30-40대 여성층에 특화된 교육 및 육아 정책을 개발하고, 이들이 많이 이용하는 지역 카페와 문화센터를 중심으로 캠페인을 진행할 수도 있습니다.

  이처럼 다양한 관점에서 자료를 분석하는 질문들을 통해 정책적 방향과 선거 전략 방향을 성공적으로 수립할 수 있습니다.

2. AI를 활용한 선거 전략 수립

"2026년 전국동시지방선거에서 ○○구의원에 출마하려고 해. 1년 전부터 무엇을 준비해야 하는지, 그 준비과정에서 어떤 전략을 구상해야 할지 계획과 세부 계획안, 지역구에 맞는 맞춤 전략을 짜 줘."라고 챗

GPT에게 물어보았습니다.

> 2026년 전국동시지방선거에서 관악구 갑 구의원에 출마하려고 해. 1년 전부터 무엇을 준비해야 하는지, 그 준비과정에서 어떤 전략을 구상해야 할지 계획과 세부 계획안, 지역구에 맞는 맞춤 전략을 짜 줘.

2026년 지방선거를 위한 관악구 갑 구의원 출마 준비계획을 작성해 드리겠습니다. 선거 1년 전부터 시작하는 전략적 준비 방안입니다.

이 계획서는 관악구 갑 구의원 선거를 1년 앞두고 체계적으로 준비할 수 있는 전략과 로드맵을 제시합니다. 특히 관악구 갑의 지역적 특성을 고려하여:

1. 대학가 특성을 활용한 청년 정책 – 서울대학교가 위치한 지역 특성을 반영하여 청년 주거, 일자리, 교육 관련 정책을 강화했습니다.
2. 다양한 주거형태 고려 – 다세대/다가구 밀집 지역의 주차, 안전 문제와 재개발/재건축 관련 이슈를 다루는 맞춤형 정책을 제안했습니다.
3. 상권 활성화 전략 – 골목상권과 전통시장 활성화를 위한 구체적인 방안을 포함했습니다.
4. 교통 인프라 개선 – 대중교통 연계성 강화와 보행 환경 개선을 위한 공약을 준비했습니다.

선거 준비는 크게 기본 현황 파악, 기반 구축, 인지도 확보, 본격 선거 준비, 선거 운동의 단계로 나누어 진행하며, 각 단계별 구체적인 실행 계획과

> 예산 배분 방안도 포함되어 있습니다. 필요하시다면 특정 부분에 대해 더 자세한 계획을 추가로 제공해 드릴 수 있습니다.

각각의 AI 도구마다 전혀 다른 방향의 답변들이 생성될 수도 있습니다. 그를 기반으로 추가 질문 등을 하면서 일정과 전략, 계획을 수립해 보세요.

3. 의사결정을 도와주는 '라셔널(rationale)'

의사결정을 잘 하지 못하는 당신을 위한 AI 도구도 있습니다. 라셔널(rationale)입니다. 어떤 선택지의 장단점을 분석하기도 하고, SWOT 분석, 결과 예측도 해 주는 똑똑한 친구입니다.

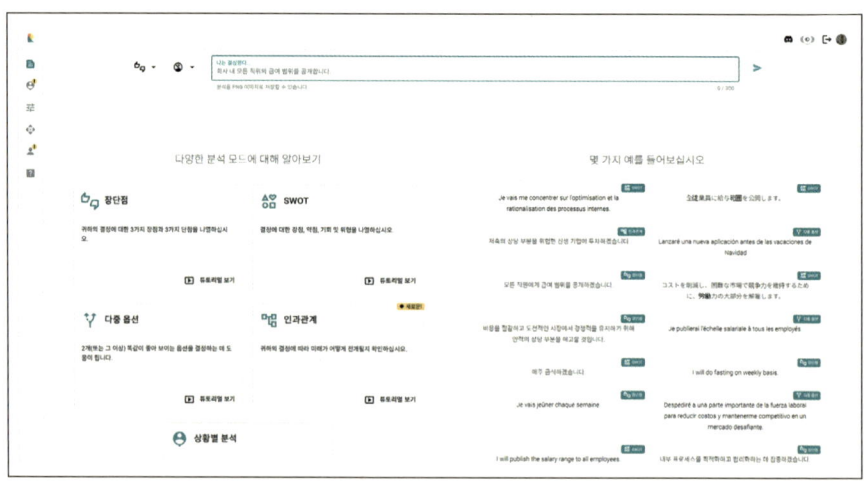

〈그림36〉 의사결정을 도와주는 AI, 라셔널

그러나 이 지점에서 다시 한번 상기할 사항은, 선거 결과는 오롯이 후보의 몫이라는 점입니다. 후보의 심도 깊은 고민과 분석, 판단이 우선한다는 것을 절대 잊지 마시기 바랍니다. AI 기술은 선거 전략 수립과 유권자 분석을 위한 강력한 도구입니다. 하지만 이러한 도구는 어디까지나 보조 수단임을 명심해야 합니다. 궁극적으로 유권자와의 진정성 있는 소통과 지역 문제에 대한 깊은 이해가 선거 승리의 핵심 요소입니다.

AI 도구를 활용하되, 이를 통해 더 효과적으로 유권자의 목소리를 듣고 그들의 필요에 부응하는 정책을 개발하는 데 초점을 맞추시기 바랍니다.

2절. 선거 로고송 제작 - 수노 AI

선거운동의 꽃은 로고송이라고 할 수 있습니다. AI를 활용하면 작사, 작곡, 녹음까지 한 번에 빠르고 효과적으로 진행하여 선거 로고송을 만들 수 있습니다. 특히 저작권료와 녹음 비용 등이 들지 않아 비용을 절감하면서 프로급의 로고송을 만들 수 있습니다.

먼저, 로고송의 콘셉트와 메시지를 정해야 합니다. 젊은 층, 어르신, 전체 유권자 가운데 어느 계층을 주 대상으로 할지, 핵심 공약과 이미지, 강점을 배치할 것인지, 트로트, K-pop, 발라드 등 음악 스타일을 어떤 것으로 할 것인지를 정합니다.

챗GPT, 뤼튼(wtrn.ai), 클로드 등의 AI 기반 가사 생성 도구를 사용하면 짧은 시간 안에 손쉽게 멋진 가사를 만들 수 있습니다.

> ❓ 서울시의원 후보 마포갑 지역구 기호 5번 홍길동의 선거 로고송을 만들려고 해. 전체 주민을 대상으로 환경문제 전문가, 청년 정치인의 이미지를 강조하는 트로트 버전의 로고송 가사를 만들어 줘.

　이렇게 프롬프트를 입력하면 그에 맞는 가사를 만들어 줍니다. 이 가사를 AI 프로그램 수노의 메뉴 중 '만들다' 창에 붙여 넣으면 로고송을 만들어 줍니다. 수노 AI 앱을 설치하거나 사이트에 들어가면, 음표 모양의 '만들다' 아이콘이 나옵니다.

　본래의 프롬프트인 "서울시의원 후보 마포갑 지역구 기호 5번 홍길동의 선거 로고송을 트로트 버전으로 만들어 줘"라는 내용을 직접 입력해도 수노 AI가 가사도 스스로 만들어서 노래 2곡을 뚝딱 만들어 줍니다.

　여러 버전의 노래 생성도 가능하므로 다양한 노래들을 만들어 보고 후

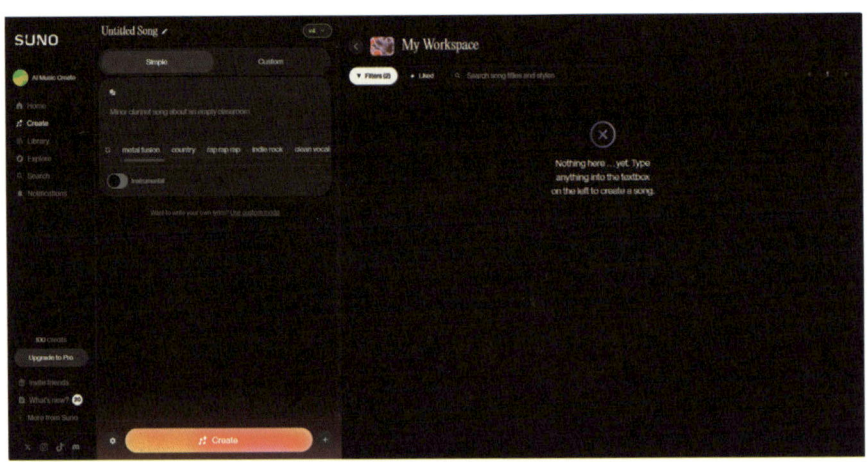

〈그림37〉 작사, 작곡, 녹음을 손쉽게 할 수 있는 수노 AI

보의 콘셉트에 어울리는 로고송을 선택하면 됩니다.

　이 외에도 선거의 전략 구성, 선거 슬로건 마련, 공약 정리, 보도자료와 홍보물 제작 등 다양한 부분에서 AI를 활용할 수 있습니다. 선거에서의 AI 활용에 대해서는 제2권(근간)에서 자세히 설명하겠습니다.

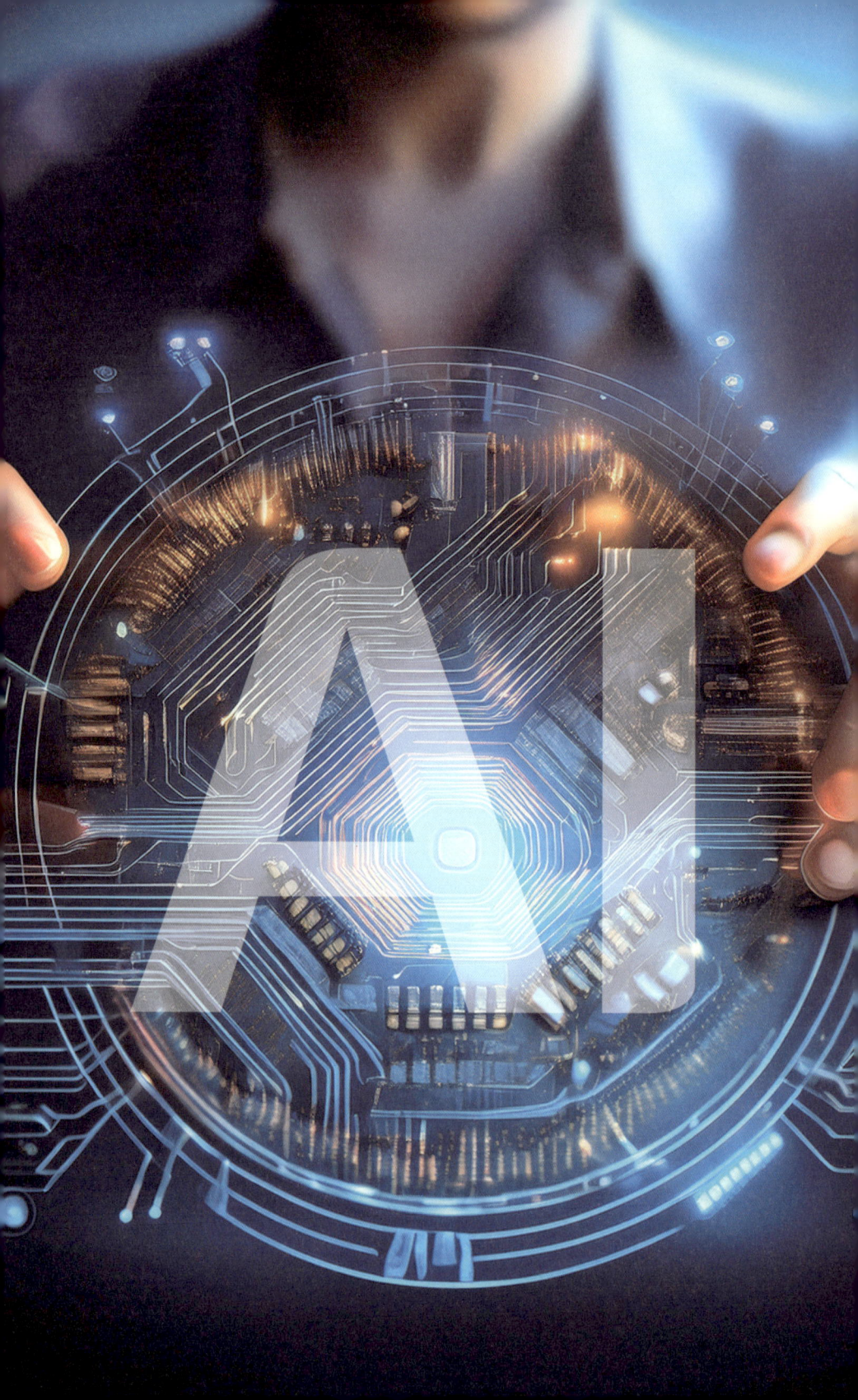

제3부
AI,
아는 만큼 보인다

제3부에서는 지방의회 의원들이 AI의 개념과 원리, 핵심 기술과 발전 과정을 이해함으로써 단순한 도구 활용을 넘어 정책적 통찰을 갖추도록 돕습니다. 자동차를 운전할 때 구조를 알면 고장에 대처하고 사고를 예방할 수 있듯이, AI의 기본 원리를 아는 것은 위험을 줄이고 현명하게 활용하는 힘이 됩니다. 특히 AI가 주민들의 삶에 지대한 영향을 끼치게 될 것이 명약관화한 현대사회에서, AI에 대한 상식 이상의 지식을 갖추는 것은 지방의원의 필수 교양이라 할 것입니다. 이제는 AI를 단지 사용하는 것을 넘어서, AI 관련 정책을 점검하고, 기술의 도입이 불러올 사회적 변화에 대한 대안을 마련하는 것이 지방의회의 중요한 과제가 되고 있습니다.

제1장_ AI의 개념과 작동 방식

1절. AI(인공지능)란 무엇인가?

AI(Artificial Intelligence, 인공지능)는 컴퓨터가 인간처럼 사고하고 행동할 수 있도록 만든 기술입니다. 사람의 학습, 추론, 지각, 자연어 이해, 문제 해결, 의사 결정 등의 능력을 컴퓨터가 수행할 수 있도록 개발된 기술을 말합니다. 다시 말해, AI는 사람이 생각하고 판단하는 방식과 유사한 기능을 컴퓨터 프로그램으로 실현한 기술을 의미합니다.

쉽게 말하면 AI는 사람처럼 정보를 배우고, 이해하고, 스스로 판단하며 결과를 도출할 수 있는 '똑똑한 컴퓨터'라고 할 수 있습니다. 예를 들어, 스마트폰에서 "오늘 날씨 알려 줘"라고 말하면 음성 비서가 날씨 정보를 찾아주는 기능, 번역 앱을 활용하거나, 민원 상담 챗봇을 통해 궁금한 내용을 빠르게 안내받는 것도 모두 AI 기술을 활용한 서비스입니다.

최근에는 단순한 안내나 계산을 넘어서, 글을 작성하거나 복잡한 데이터를 분석하고 요약하는 작업까지 수행할 수 있을 정도로 기술이 발전했습니다. 특히 지방의회에서 활용 가능한 영역도 많아지고 있어, AI에 대한 기본적인 이해는 점점 더 중요해지고 있습니다.

1. AI의 종류

1) 약한 AI(Weak AI)

약한 AI는 특정 영역의 작업을 인간만큼 혹은 인간 이상의 능력을 발휘하여 수행하는 AI입니다. 현재 우리가 실제로 활용하는 대부분의 AI가 이 범주에 속합니다. 예를 들어, 민원 상담을 도와주는 챗봇, 문서 작성 보조 도구, 번역기, 음성 인식 서비스 등은 특정 기능에 특화되어 높은 효율을 발휘하는 대표적인 약한 AI입니다. 이러한 AI는 하나의 과업 수행에는 뛰어나지만, 다른 과업으로 전환하여 수행할 수는 없습니다.

2) 강한 AI(Strong AI, AGI)

강한 AI는 '범용인공지능(범용AI, Artificial General Intelligence, AGI)'이라고도 불리며, 인간처럼 다양한 상황에 적응하며 스스로 사고하고 학습할 수 있는 AI를 의미합니다. 특정 분야에 국한되지 않고, 인간처럼 폭넓은 문제를 이해하고 해결할 수 있는 능력을 지닌 인공지능을 말합니다. 현재 보편화된 생성형 AI(챗GPT 등)는 아직 AGI에는 이르지 않았지만, 점차 그 가능성에 가까워지고 있다는 평가를 받고 있습니다.

3) 초지능 AI(Superintelligence)

초지능 AI는 인간의 모든 지능적 능력을 훨씬 뛰어넘는, 자의식과 창의성을 지닌 인공지능을 의미합니다. 이 단계의 AI는 인간보다 더 빠르고 정확하게 사고하며, 스스로 판단하고 행동할 수 있다고 상정됩니다. 아직은 개념적인 단계에 머무르고 있으며, 실현되지 않은 미래 기술입니다.

4) AI와 로봇의 결합 – 멀티모달 AI로의 진화

AI는 본래 '지능'에 해당하는 소프트웨어 기술이지만, 인간처럼 실제 세계와 상호작용하려면 '몸(하드웨어)'과의 결합이 필요합니다. 이에 따라 최근에는 시각 정보, 음성, 텍스트 등 다양한 감각 데이터를 동시에 처리할 수 있는 '멀티모달 AI'가 등장하고, 이를 로봇과 결합하여 실생활에서 활용하려는 시도가 늘고 있습니다. 예컨대 카드뉴스 제작, 동영상 생성, 로고송 작곡 같은 복합적 작업이 가능해진 배경에는 이러한 기술적 발전이 자리 잡고 있습니다.

2. AI의 특징

AI는 다음과 같은 여러 특징을 보여줍니다. 이러한 특성을 잘 파악한다면 실제 행정이나 정책 개발 업무에도 다양하게 활용할 수 있습니다.

첫째, AI는 데이터를 기반으로 스스로 학습하고 발전하는 능력, 기계학습(Machine Learning) 능력이 있습니다. 사람이 경험을 통해 배우는 것처럼, AI도 데이터를 통해 규칙을 익히고, 점점 더 정교하게 성능을 향상시켜 나갑니다. 예를 들어, 민원 데이터를 반복적으로 학습한 AI는 시간이 지날수록 더 정확한 분석 결과를 제시할 수 있습니다.

둘째, AI는 방대한 데이터 속에서 유의미한 패턴이나 규칙을 식별해 냅니다. 이는 통계적 분석 능력과 예측 모델링 기술을 통해 이루어지며,

특정 지역의 민원 유형을 파악하거나 문제의 원인을 추론하는 데 유용하게 쓰입니다. 이처럼 AI는 단순한 계산을 넘어서, 데이터 안에 숨어 있는 구조를 찾아내는 데 강점을 보입니다.

셋째, AI는 인간의 일반적인 언어(자연어, Natural Language)를 이해하고 처리할 수 있습니다. 문서를 읽고 요약하거나, 회의록을 정리하고, 민원 응답을 자동화하는 데 활용되는 것이 바로 자연어 처리(NLP: Natural Language Processing) 기술입니다. 최근에는 문맥을 이해하고 질문에 응답하거나 창의적인 문장을 생성할 수 있을 정도로 이 기술이 발전하고 있습니다.

넷째, AI는 다양한 데이터를 분석하여 의사결정에 필요한 통찰(Insight)을 제공할 수 있습니다. 예산안 분석, 정책 시뮬레이션, 시민 의견 요약 등 여러 형태로 행정 의사결정을 지원하며, 특히 복잡한 정보를 빠르게 정리하고 요약할 수 있다는 점이 큰 강점입니다.

이처럼 AI는 학습, 분석, 언어 이해, 의사결정 지원이라는 핵심 특징을 바탕으로, 단순한 자동화 도구를 넘어 지능형 비서로 자리 잡아가고 있습니다.

2절. AI의 핵심 개념

AI를 좀 더 전문적으로 활용하려면 몇 가지 중요한 개념을 이해하는 것이 좋습니다. 처음에는 어려워 보이지만, 차근차근 살펴보면 쉽게 이해할 수 있습니다.

1. 기계학습(Machine Learning)

AI는 단순히 명령을 수행하는 것이 아니라, 데이터를 바탕으로 스스로 학습하고 판단하여 작업을 수행할 수 있습니다. 이러한 AI의 학습을 가능하게 하는 것이 바로 기계학습(Machine Learning, ML)입니다. 기계학습은 일반적으로 세 가지 방식으로 구분됩니다.

첫째, '지도 학습(Supervised Learning)'은 정답이 포함된 데이터를 제공하여, 컴퓨터가 그에 맞게 학습하도록 하는 방식입니다. 예를 들어, 고양이와 개 사진에 각각의 정답(레이블)을 알려주면, AI는 이를 바탕으로 새로운 이미지를 분류할 수 있게 됩니다.

둘째, '비지도 학습(Unsupervised Learning)'은 정답이 없는 대량의 데이터를 기반으로, 컴퓨터가 스스로 패턴이나 구조를 찾아내도록 하는 방식입니다. 예를 들어, 여러 과일 사진을 제공하면 AI가 비슷한 형태나 색깔을 기준으로 그룹을 분류합니다.

셋째, '강화 학습(Reinforcement Learning)'은 주어진 환경에서 AI가 시행착오를 겪으며 보상(reward)을 통해 학습해 나가는 방식입니다. 게임이나 자율주행 시스템에서 최적의 전략을 찾는 데 주로 활용됩니다.

현재 챗GPT를 비롯한 최신 AI는 방대한 비정형 데이터, 즉 빅데이터(Big Data)를 기반으로 한 비지도 학습 방식과 딥러닝 기법을 활용하여, 인간이 놓치기 쉬운 패턴까지 포착하고 분석할 수 있는 능력을 갖추고 있습니다. 이를 통해 사용자의 질문 의도를 파악하고, 그에 맞는 적절한 응답을 생성할 수 있게 된 것입니다.

예를 들어 AI가 수많은 민원 데이터를 학습하면 어떤 문제가 자주 발생하는지를 파악할 수 있습니다. 이렇게 학습된 AI는 새로운 질문이 주어질 때마다 자동으로 답변하고, 동시에 지속적으로 개선되기 때문에, 시간이 더 나은 해결책을 제시할 수 있게 됩니다.

2. 딥러닝(Deep Learning)

오늘날 AI 기술이 급격히 발전하게 된 중요한 전환점은 바로 딥러닝(Deep Learning) 기술 도입입니다. 딥러닝은 기계학습의 한 종류로, 인간의 뇌 구조를 모방한 '인공신경망(Artificial Neural Network)'을 기반으로 학습하는 방식입니다. 특히 복잡한 문제를 여러 단계의 추상화 과정을 거쳐 해결할 수 있도록 해 줍니다.

기존의 기계학습은 비교적 적은 데이터로도 가능했지만, 딥러닝은 대규모 데이터와 연산 능력을 바탕으로 성능이 비약적으로 향상됩니다. 학습 과정에서 인간의 개입이 거의 필요가 없으며, 이미지 인식, 음성 인식, 자연어 처리, 자율주행 등 복잡한 작업에 강력한 성능을 발휘합니다.

의정활동과 관련지어 예를 들어 보면, 여러 지자체의 의정활동 데이터를 딥러닝 기반 AI가 학습하면, 그 속에서 효과적인 정책 사례를 분석·추천할 수 있으며, 그 정확성과 속도는 시간이 지날수록 더욱 향상됩니다.

3. 자연어 처리(Natural Language Processing, NLP)

자연어 처리(Natural Language Processing, NLP)는 AI가 인간의 언어를 이해하고 해석하며, 자연스러운 방식으로 소통할 수 있도록 하는 기술입니다. 챗봇이나 자동 문서 요약, 질의응답 시스템 등이 여기에 해당합니다.

지방의원들이 AI 기반 챗봇을 활용해 민원을 응대하거나 정책 자료를 정리하는 데에 도움받을 수 있습니다. 예를 들어, "우리 지역의 주요 교통 민원을 정리해 줘"라는 질문에, AI가 관련 데이터를 분석해 간결하게 응답할 수 있는 것도 NLP 덕분입니다.

최근의 자연어 처리 기술은 단어 단위의 단순한 분석을 넘어, 문맥 이해, 문장 생성, 감정 분석 등 정교한 수준으로 발전하고 있습니다.

4. 생성형 AI(Generative AI)

최근 AI 기술의 가장 주목할 만한 발전 중 하나는 생성형 AI(Generative AI)입니다. 생성형 AI는 기존 데이터를 학습해, 새로운 콘텐츠를 창의적으로 생성할 수 있는 기술입니다. 텍스트, 이미지, 음성, 영상 등 다양한 형태로 출력이 가능합니다.

예를 들어, 정책 보고서 초안을 작성하거나, 보도자료와 인사말, 연설문을 자동으로 생성해 주는 것은 생성형 AI의 대표적인 활용 사례입니다. 이를 활용하면 지방의원들이 반복적이고 시간이 많이 드는 작업을 AI에게 맡기고 좀 더 중요한 의정활동에 집중할 수 있습니다.

3절. 생성형 AI의 원리

AI, 특히 오늘날 우리가 일상 생활과 정책 현장에서 활용하고자 하는 생성형 AI는 데이터를 분석하고 학습하여 인간의 요구에 맞는 결과물을 생성하는 기술입니다. 사람으로 치면, 정보를 눈으로 보고(데이터 입력), 생각하고(분석 및 학습), 결론을 내리거나 창의적으로 표현하는(출력 생성) 과정과 유사합니다. AI가 이 과정을 어떻게 수행하는지 핵심만 간단히 살펴보겠습니다.

생성형 AI는 대체로 다음의 네 단계로 데이터를 처리합니다: ①데이터 수집 → ②데이터 정제 → ③학습 → ④예측 및 생성

1. 데이터 수집 - AI의 눈과 귀

AI는 먼저 다양한 출처에서 데이터를 수집합니다. 이는 마치 사람이 세상을 보고, 듣고, 경험하는 것과 같습니다. AI는 데이터를 통해 '학습'합니다. 따라서 더 많은 양질의 데이터가 제공될수록 결과의 정확도도 높아집니다.

예를 들어, 지방의원의 의정활동에서 AI가 활용될 수 있는 데이터는 다음과 같습니다

① 민원 데이터 - 주민들이 가장 많이 제기하는 문제는 무엇인가요?
② 예산 데이터 - 어디에 예산이 집중되고 있나요?

③ 정책 자료 – 다른 지역에서는 어떤 정책이 효과적이었을까요?
④ SNS 언론 보도 – 지금 지역사회에서 가장 주목받는 이슈는 무엇일까요?

이러한 데이터를 AI가 자동으로 수집·정리·제공하면, 지방의원들은 그 밖의 풍부한 정보와 경험에 기반해 정책을 수립하고 현실적인 제안을 할 수 있습니다.

2. 데이터 정제 – AI의 기억 정리

데이터가 많다고 해서 모두 유용한 것은 아닙니다. 중복, 오류, 누락, 형식 불일치 등은 학습을 방해합니다. 따라서 데이터 전처리(Data Preprocessing) 과정을 통해 데이터를 정제합니다.

① 중복 제거 – 같은 민원이 반복되었을 경우 통합
② 오류 수정 – 오타, 잘못된 값 등 보정
③ 정보 보완 – 누락된 정보 채우기
④ 형식 정리 – 숫자, 날짜, 텍스트 등을 일관된 형식으로 변환

이렇게 정제된 데이터는 AI가 효과적으로 학습할 수 있는 상태가 됩니다.

3. 학습 - AI가 생각하는 과정

정제된 데이터를 기반으로 AI는 특정한 패턴이나 규칙을 학습합니다. 이는 마치 사람이 경험을 통해 지혜를 쌓는 것과 비슷합니다. 주요 학습 방식은 다음과 같습니다:

① 지도 학습(Supervised Learning): 정답이 있는 데이터를 바탕으로 학습. 예: "이 민원은 교통 문제", "이 민원은 환경 문제"와 같이 일일이 정답을 알려주며 학습시킴.
② 비지도 학습(Unsupervised Learning): 정답이 없는 데이터를 군집화. 예: 유사한 민원 유형이나 반복 지역을 자동으로 분류함.
③ 강화 학습(Reinforcement Learning): 시행착오와 보상을 통해 학습. 예: 다양한 예산 배분 시뮬레이션을 통해 최적의 분배 방안을 도출함.

4. 예측 및 활용 - AI가 답을 내리는 과정

학습을 마친 AI는 새로운 데이터를 분석하고 예측하거나, 새로운 결과물을 생성할 수 있습니다. 예를 들어,
"향후 6개월간 가장 많은 민원이 예상되는 지역은 어디인가요?", "최근 민원 내용을 바탕으로 주민 관심사 TOP5를 알려 줘.", "작년 정책 자료를 요약해 보고서 형태로 작성해 줘." 같은 질문에, 능숙하고 유능하게 답을 내놓습니다.
이처럼 AI는 예측뿐 아니라 문서 작성, 보고서 요약, 연설문 초안 생성

등 다양한 업무를 보조할 수 있습니다.

4절. AI의 활용과 인간의 미래

1. AI는 어떻게 활용할 수 있을까?

지방의회 활동에서는 다음과 같은 방식으로 AI를 적극 활용할 수 있습니다:

첫째, 의정활동에 관련된 방대한 자료를 분석하고, 유용한 정책 정보를 요약, 분석, 주요 과제 등을 생성하게 하여 의정활동의 효율을 높일 수 있으며, 효율적으로 지역 현안을 파악하는 데도 도움을 받을 수 있습니다.

둘째, 시정 질문, 5분 발언, 연설문, 보고서 등 문서 초안을 빠르게 생성·활용함으로써 시간을 효율적으로 활용할 수 있습니다.

셋째, 지방의원들의 의정 홍보를 위한 홍보용 원고 작성이나, 동영상 등 시각자료를 만드는 데도 활용할 수 있으며, 선거 로고송도 AI 툴을 이용해 만들 수 있습니다.

그 외에 회의록 작성 및 정리, 의정활동 보고서 작성 지원 등 다방면에서 활용할 수 있습니다.

2. AI와 사람이 함께하는 데이터 활용

AI는 데이터를 빠르게 분석하고 요약해 주지만, 그 결과를 실제 정책이나 활동에 활용할지는 사람의 판단과 책임이 필요합니다. 그 과정을 예시하면 다음과 같습니다:

첫째, AI가 정리한 민원 요약을 바탕으로, 지방의원이 주민과 소통하고 해결 방안을 설계할 수 있습니다.

둘째, AI가 추출한 보고서 핵심 내용을 바탕으로 의원은 구체적인 정책 방향을 결정하고, 지자체에 제안 또는 요구할 수 있습니다.

셋째, 그 밖에 AI가 제시한 카드뉴스나 동영상 자료 등을 인간적인 감각으로 다듬고 수정하거나 그 방향으로 다시 만들어 줄 것을 요구할 수 있습니다.

AI는 '스마트한 보좌관'처럼 지방의원의 업무를 돕는 역할을 합니다. AI와 사람이 함께하면, 더욱 효율적이고 똑똑한 의정활동이 가능해집니다.

3. AI는 도구일 뿐, 중요한 것은 '사람'

AI는 지방의원의 업무를 보좌하는 유능하고 훌륭한 비서가 될 수 있지만, 최종 판단과 결정은 여전히 사람, 즉 의원 자신입니다. AI를 잘 활용하면 효율적이고 스마트한 의정활동이 가능해지지만 AI는 완벽한 것이 아니기 때문에 주의할 점이 많습니다.

AI가 제출하는 답변이나 결과물은 학습한 데이터의 품질에 크게 영향을 받습니다. 부정확하거나 편향된 데이터는 잘못된 결과를 도출할 수 있습니다. 또한, 생성형 AI는 '지어내는 말'이나 '사실과 다른 말'을 만들어 낼 수 있습니다. 이걸 '할루시네이션(Hallucination)'이라고 합니다. 챗GPT는 15~20%의 확률로 부정확하거나 조작된 정보를 포함할 수 있다는 보고도 있습니다. 물론 AI의 발달과 딥러닝의 결과로 차츰 이 할루시네이션이 줄어들고는 있지만, 검증의 절차는 필수라는 것을 잊지 말아야 합니다.

또한, 개인 정보 보호, 민감 정보 보안 등 법적·윤리적 고려를 필수적으로 해야 합니다.

결국 AI의 분석 결과는 어디까지나 참고 자료로 간주하여 최종 판단은 의원 자신의 경험과 전문성을 바탕으로 이루어져야 합니다. AI가 사고의 시작점을 다양하게 제시해 주고, 아이디어의 힌트를 제공해 주는 보조자로서의 역할을 할 수는 있지만, 개인(지방의원, 후보자 등)의 특성과 지역의 특수성을 모두 반영한 뛰어난 직관력을 가진다거나 정무적 판단 역량을 가졌다고 볼 수는 없기 때문입니다.

제2장_ AI 기술의 현재와 미래

AI(인공지능)는 이제 우리 생활 곳곳에서 활용되고 있으며, 의정활동에서도 선택이 아닌 필수요소가 되고 있습니다. 하지만 AI는 하루아침에 탄생한 것이 아니라, 수십 년간의 기술 발전과 시행착오를 거쳐 발전해 온 결과입니다. 그렇다면 AI는 어떤 길을 걸어왔고, 현재 어디까지 도달했으며, 앞으로 어떤 방향으로 나아갈까요?

1절. AI의 과거

1. AI 태동기: 1950~1970년대

AI의 출발점은 1950년, 영국 태생의 과학자이자 수학자인 앨런 튜링(Alan Turing)이 "기계가 인간처럼 생각할 수 있는가?"라는 질문을 던진 데서 비롯됩니다. 이 시기에는 정해진 규칙을 바탕으로 계산을 수행하는 간단한 프로그램 수준의 AI가 주류였습니다. 이 정도의 기술만으로도 영국은 독일군의 '에니그마' 암호를 해독하여 2차 세계대전을 승리로 이끌게 됩니다. 튜링은 인간의 힘이 아니라 기계의 힘, 즉 기계의 지능으로 암호를 해독하는 장치를 만들고자 했습니다. 그 유명한 '튜링 테스트'라는 것도 이때 등장합니다. 1956년, 다트머스 회의에서 처음으로 'Artificial Intelligence(인공지능)'라는 용어가 등장하면서, 오늘날 AI 개념 정립과 연구의 토대가 마련됩니다.

2. 첫 번째 겨울 – 1970년대

1970년대 들어 인공지능 연구는 난항에 부딪히게 됩니다. 컴퓨터의 성능이 기대에 못 미치고, 저장할 수 있는 정보의 양이 제한적이었을 뿐 아니라 복잡한 문제를 해결할 방법이 마련되지 못하다 보니 인공지능의 개발은 답보 상태에 놓이게 됩니다. 연구 정부와 기업의 관심도 현저히 줄어들었습니다. 이 시기를 '인공지능의 첫 번째 겨울'이라고 부릅니다.

3. AI 성장기 – 1980~1990년대

1980년대에 '전문가 시스템(Expert System)'이 등장하면서 AI는 실제 산업현장에서 적용되기 시작했습니다. 전문가 시스템은 특정 분야에서 전문가처럼 문제를 해결할 수 있는 컴퓨터 프로그램을 말합니다. 예를 들면 의료 진단 AI가 의사의 진료를 돕는 역할을 하거나, 화합물의 분자 구조를 분석하기도 하고, 고객이 원하는 사양에 맞는 컴퓨터 부품을 자동으로 조합하여 설계하는 것을 지원하기도 했습니다.

그러나 전문가 시스템은 유지보수의 어려움, 학습 능력 부족, 복잡한 문제 해결이 어렵다는 등의 한계가 뚜렷하여, 인공지능의 두 번째 겨울을 맞이합니다.

1990년대에는 인터넷의 발전과 함께 AI가 더 많은 데이터를 활용할 수 있게 되었고, 기계학습(Machine Learning) 기술이 등장하면서 AI가 스스로 학습하는 단계로 발전했습니다. 기계학습은 컴퓨터가 명시적인 프로그래밍 없이도 데이터를 통해 학습을 함으로써 인간이 규칙을 정의하지 않아도 알고리즘이 데이터를 분석하여 패턴을 찾고, 이를 바탕으로 예측하고 분류하는 방식입니다.

2절. AI의 현재

1. 딥러닝과 데이터 혁명 – 2010~2020년대 초반

2010년대는 딥러닝(Deep Learning)의 시대였습니다. GPU(Graphics Processing Unit)의 발전과 빅데이터의 축적, 신경망 알고리즘의 혁신이 결합되면서 음성 인식, 이미지 분석, 자연어 처리 분야에서 획기적인 발전이 이루어졌습니다.

2016년, 딥러닝 기술을 활용해 구글 딥마인드(DeepMind)가 개발한 '알파고(AlphaGo)'가 이세돌 9단을 4:1로 이긴 사건은 AI가 단순한 계산을 넘어 복잡한 전략까지 이해할 수 있음을 보여주면서 AI를 세계인의 뇌리에 각인시켰습니다. 하지만, 딥러닝 모델은 막대한 자원(데이터, 연산 능

〈그림38〉 알파고 서버 장비

력, 비용)이 필요하며, AI의 발전은 초거대 기술 기업 중심으로 진행될 수밖에 없었습니다. 이러한 흐름의 정점은 2023년 '오픈AI'사가 공개한 GPT-3.5/GPT-4로, 이것이 생성형 AI가 본격적으로 대중화되는 시점이었습니다.

2. 딥시크(DeepSeek)와 AI 생태계의 다극화

2024년 말, 중국 스타트업에서 개발한 대형 언어모델 '딥시크(DeepSeek)'는 훈련비용 약 560만 달러로 고성능의 AI를 구현했고, 더욱이 일부 소스를 공개함으로써 전 세계를 놀라게 했습니다. 오픈AI의 최신 모델인 GPT-4가 훈련에 1억 달러 이상이 소요된 것에 비하면 어마어마하게 적은 비용인 셈입니다. 이 딥시크의 출현은 AI 분야의 기술, 경제, 정치적인 측면에서 중요한 변화를 예고하는 사건입니다. 즉 AI 생태계가 미국 중심에서 중국, 유럽, 중동 등으로 다극화되고 있음을 보여주며, AI 모델의 공개 여부, 비용 구조, 규제 방향에도 큰 영향을 미치고 있습니다.

3. 생성형 AI와 실생활 속 AI – 2020년대 중반

최근 AI는 단순한 분석에서 나아가 '창작 능력'까지 갖추게 되었습니다. 생성형 AI(Generative AI)는 이제 텍스트, 이미지, 음성, 음악, 영상 등 다양한 콘텐츠를 직접 생성할 수 있으며, 챗봇, 번역, 회의록 정리, 일정 관리 등 일상 속에도 깊숙이 스며들고 있습니다.

지방자치단체에서도 AI 기반 의정활동 보조 시스템, 정책 검색 엔진, 민원 응대 자동화 도입이 이루어지고 있으며, AI 기술은 커스터마이징(맞춤형 모델링)을 통해 의원 개인에게 특화된 'AI 보좌관'으로 진화하고 있습니다.

3절. AI의 미래 – 어디까지 발전할 수 있을까?

AI는 앞으로 더욱 빠르고 정교하게 발전할 것이며, 크게 다음과 같은 방향으로 확장될 것입니다. 지금 작성하는 AI의 미래라고 하는 것도 이

책을 쓰고 있는 동안에 빠르게 '현재'가 되고 있고, 그 속도는 우리의 상상을 넘어서고 있습니다.

1. AGI, 인간 수준의 AI

불과 작년(2024) 초반까지만 해도 AI는 특정 작업을 잘 수행하는 '약한 AI(Weak AI)'였습니다. 그러나 현재 이후 AI는 여러 가지 능력을 통합하여 다방면에서 자율적으로 사고하고 문제를 해결하는 능력을 갖춘 인공지능, 즉 범용 AI(AGI, Artificial General Intelligence)가 보편화될 것입니다. 현재 챗GPT-4o, 제미나이(Gemini), 클로드(Claude), 미스트랄(Mistral) 등 주요 프로그램들은 AGI에 근접한 모델을 실험하고 있으며, 일부 전문가들은 "2030년 이전에는 제한적 AGI 실현이 가능할 것"이라 예측하고 있습니다.

이 수준의 AI는 단순한 질의에 대한 기계적인 답을 내놓는 것을 넘어서 정책 분석, 보고서 작성, 지역 민원 해결 지원 등을 동시에 수행하고, 다양한 행정 데이터를 AI가 스스로 분석하여 최적의 정책 방향 제안을 할 수 있을 것입니다.

2. AI와 인간의 협력

AI는 인간의 직관, 윤리, 창의성을 전면적으로 대체하기보다 보완하는 방향으로 발전하고 있습니다. 데이터 분석, 정책 시뮬레이션, 민원 통계 처리 등은 AI가 빠르게 수행하고 보조하지만, 최종 결정은 여전히 인간의 몫으로 남습니다. 이는 의정활동에서도 'AI + 인간 협업(AI-Augmented Decision Making)' 구조를 만드는 핵심적 흐름이 될 것입니다.

3. 초개인화 AI

AI는 점점 더 개인 맞춤형으로 발전하고 있습니다. 현재도 AI는 추천 알고리즘(ex. 페이스북, 넷플릭스, 유튜브)을 통해 사용자에게 맞춤형 콘텐츠를 제공하고 있지만, 앞으로는 AI가 개인의 특성과 상황을 실시간으로 분석하여 1인 1 AI 시대를 열면서 훨씬 더 정교한 맞춤 서비스를 제공할 것입니다. 이를 '초개인화 AI(Hyper-Personalized AI)라고 할 수 있습니다. AI가 개개인의 관심사, 업무 스타일, 일정 등을 학습하여 맞춤형 AI 비서 역할을 수행하게 될 것입니다. 이는 '국회의원 김종민 AI'와 같은 방식으로 일정 부분 현실화되어 있습니다.

이를 활용하면 AI가 개인의 선호도와 필요에 따라 자동으로 정보를 제공하고, 일정 조율, 보고서 작성을 지원하고 정책 수립 시에도 AI가 지역 주민의 요구를 실시간 분석하여 맞춤형 정책 제안이 가능해집니다. 지방의회에서 활용된다면 의원 개인의 스타일과

〈그림39〉 맞춤형 AI 비서도 현실화되고 있습니다

업무 방식에 맞춘 AI 보좌관으로서 업무를 돕게 될 것입니다. 의원의 정치 성향에 맞게 소속 정당의 당론에 맞게 결정과 정책 입안이 이루어질 수 있습니다. 지역 주민들이 자신의 관심 분야에 맞게 AI를 통해 맞춤형 정책 정보를 제공받을 수도 있습니다. 지역구가 농촌 지역인지 도농복합 지역인지 도시인지에 따라 적절한 정책이 제공될 수 있고, 주민의 주요 연령대와 정치적 성향에 맞게 정책 입안이 가능해집니다.

4. 멀티모달 AI + 실시간 분석

2025년 현재 AI는 텍스트(자연어 처리), 이미지(비전), 음성, 영상 등 다양한 데이터 유형을 통합 처리하는 멀티모달 AI가 발전하고 있습니다. 회의 내용을 실시간으로 요약해 보고서를 작성하고, 영상과 음성을 분석하여 여론 반응을 감지하거나, 실시간 민원 흐름을 시각화해 의원에게 경고하는 기능이 구현됩니다.

5. AI + 로봇 + 에이전트 - AI 비서관

AI는 현재 로봇과 결합하여 물리적인 환경과도 상호작용하고 있습니다. 특히, 스마트 시티, 공공 서비스, 헬스케어 등의 분야에서는 AI 로봇이 직접 현장에서 역할을 수행하기 시작하였습니다. 이제 곧 AI 로봇이 도로 보수, 환경 정화, 보건 서비스 등을 수행하거나 주민센터, 도서관, 공공기관에서 안내 및 상담 역할을 담당하게 될 수도 있습니다. 자율주행 기술과 결합하여 스마트 교통 시스템이 구현될 수 있을 텐데 이는 이미 상당한 진전을 이루고 있기도 합니다.

이에 더해 'AI 에이전트'가 주목받고 있습니다. AI 에이전트는 단순히 질문에 답하는 것이 아니라, 사용자의 요청을 이해하고 '직접 수행(예: 일정 정리, 문서 생성, 메일 발송)'하는 조수 역할을 수행합니다. 최근에는 하나의 앱 안에 여러 분야별 '서브 AI 에이전트'가 탑재되는 구조도 확산되고 있습니다.

AI의 미래는 더 이상 먼 이야기가 아닙니다. 매일 새롭게 등장하는 기술과 모델들이 우리의 일상을 바꾸고 있으며, 정치·행정 분야도 예외가 아닙니다. 중요한 것은, AI를 '두려워할 대상'이 아닌 '활용할 도구'로 이해하는 시선입니다. 기술의 진화는 계속되지만, 그 안에서 의미 있는 결정을 내리는 주체는 여전히 사람입니다. AI와 함께 협력하는 지방의회와 지방의원이 바로 미래 행정, 앞서가는 정치인의 모델이 될 것입니다.

〈그림40〉 교통 체증 속에서 주행 중인 테슬라 자율 주행 차량
(©Ian Maddox, CC BY-SA 4.0, https://commons.wikimedia.org/wiki/File:Tesla_Autopilot_Engaged_in_Model_X.jpg)

제3장_ AI 정책, 그리고 AI 윤리

1절. 인공지능기본법

2024년 12월 26일 「인공지능 발전과 신뢰 기반 조성 등에 관한 기본법」(약칭: 인공지능기본법)이 국회를 통과하였습니다. 이는 대한민국 최초의 포괄적 인공지능 관련 기본법으로 인공지능 기술과 산업 진흥, 활용, 안전, 윤리 등의 이슈를 모두 포함하고 있습니다. 이 법은 공포 후 1년 뒤인 2025년 12월부터 시행될 예정입니다.

특히 2024년 6월 17일 정점식 의원이 대표 발의한 정부여당 주도의 법안에는 여당 의원 108명 전원이 공동 발의자로 참여하였으며, 이는 대통령 직속 '국가인공지능위원회(2024.9.26. 출범)'의 정책 기조와도 긴밀히 연결된 결과입니다.

기본법은 총 43개 조항과 부칙 3조로 구성되어 있으며, 인공지능의 기술·산업 진흥뿐 아니라 윤리, 책임, 사용자 보호, 부작용 대응까지 종합적으로 다루고 있습니다.

1. 인공지능기본법과 지역사회

인공지능기본법은 중앙정부뿐만 아니라 지방자치단체의 역할과 책임도 명시하고 있습니다. 특히, 지방의회가 지역 정책 개발과 발의의 중심적인 기능을 하는 만큼, 국가 인공지능 정책을 이해하는 것은 의정활동에 필수적인 사항입니다. 인공지능기본법은 다음과 같은 지방정부의 책무를 규정하고 있습니다.

① 지역 내 AI 산업 생태계를 조성하고, 관련 기업을 지원해야 합니다.
② 안전한 이용 환경을 조성하며, AI가 국민의 삶에 미칠 변화에 대응하는 정책을 마련해야 합니다.
③ AI 기술이 신종 범죄 등 사회문제를 일으킬 가능성에 대비하며 지속적인 모니터링과 대응 정책을 마련해야 합니다.
④ 인공지능의 순기능을 키우고 부작용을 최소화할 수 있도록 준비하며 지역 주민의 AI 접근성 확대와 관련 교육을 강화해야 합니다.

인공지능기본법은 지방자치단체의 정책과 의정활동에 큰 영향을 미칠 수 있습니다. 특히, 3년마다 수립되는 인공지능 기본계획에 지방 정부의 의견이 반영될 수 있도록 하는 조항은 지역 발전과 직결되므로 지자체의 적극적인 대응이 요구되고, 이에 대한 지방의원들의 관심과 노력도 필요합니다.

예를 들어, AI 기업 수(2023년 기준 2,354개), 연간 매출 등의 데이터를 바탕으로 보면 AI 산업은 이미 국가 전략산업으로 자리 잡고 있습니다. 이에 따라, 지방자치단체는 지역 내 AI 연구개발 인프라, 집적단지, 전문 인력 양성 사업 등에 주도적으로 참여함으로써 지역경제를 견인할 수 있는 기회를 확보해야 합니다.

한편, 최근 딥페이크 성범죄, AI 사기 및 도용, 피싱 등 AI 기반 범죄의 증가는 중앙정부뿐 아니라 지방정부 차원의 대응 체계 마련을 필수적으로 요구하고 있습니다. 조례 제정, 감시 기구 설치, 윤리 기준 수립 등이 그 예가 될 수 있습니다.

이와 함께, 인공지능기본법은 모든 국민의 AI 접근권 보장과 디지털 리터러시 교육을 강조하고 있으며, 사회적 취약 계층(노인, 저소득층 아동 등)에 대한 AI 교육은 지방자치단체가 주도해야 할 과제로 제시되고 있습니다. 중앙정부의 재정·정책적 지원을 적극적으로 활용하면서, 지역 맞춤형 AI 시민교육 체계 구축이 필요합니다.

2. 인공지능기본법 속 AI 윤리

인공지능 윤리는 인공지능기본법 핵심 축 중 하나입니다. 인공지능의 오남용 방지, 불공정 행위 예방, 정보 왜곡 및 범죄 악용 방지 등을 위한 다층적인 안전장치를 제시합니다. 특히 '고영향 인공지능(High-Risk AI)'을 별도로 정의하여, 다음과 같은 분야에 적용되는 AI에는 더욱 엄격한 안전성과 신뢰성 확보의 의무를 부여합니다:

첫째, 의료, 에너지, 식수, 금융, 치안, 교통, 사회복지 등 국민의 삶과 국가 시스템에 중대한 영향을 미치는 분야

둘째, 국민의 생명·안전·재산에 중대한 영향을 미치는 공공 서비스

영역

이러한 분야에서 AI가 잘못된 판단을 내리거나 부정확한 정보를 제공할 경우 사회적으로 심각한 피해를 야기할 수 있기 때문에, 사용자의 사전 고지, 투명한 설명, 책임 주체 명확화 등 강화된 윤리적 기준이 적용됩니다.

또한 이 법에서는 인공지능 기술 기반 제품이나 서비스를 제공할 경우, 이용자에게 해당 콘텐츠가 인공지능을 통해 생성되었음을 사전에 고지하도록 하며, 특히 가짜 뉴스, 사칭, 조작 콘텐츠와 같은 디지털 조작 위험을 최소화하기 위한 조치를 의무화합니다.

2절. 인공지능 윤리

'인공지능 윤리'는 AI가 인간의 가치와 사회적 규범을 준수하며 책임 있고 공정하게 작동하도록 하는 원칙을 의미합니다. AI는 단순한 도구를 넘어 인간이 사고하고 판단하여 내놓은 것 같은 결과물을 산출하는 특성을 갖추었기 때문에 인공지능 윤리는 AI 사용 시에 반드시 점검하고 성찰해야 하는 과제로 떠오르고 있습니다. 주요 원칙은 다음과 같습니다.

① 공정성(Fairness): 성별, 연령, 인종, 계층 등에 따른 차별 없이 작동
② 책임성(Accountability): 결과에 대한 책임 주체를 명확히 함
③ 투명성(Transparency): 알고리즘의 작동 방식과 기준을 공개
④ 프라이버시 보호(Privacy): 개인 정보의 수집, 활용, 저장 시 철저한

관리

인공지능은 알고리즘을 통해 자동화된 의사결정을 수행하며, 이미 사회와 경제의 다양한 분야에서 활용되고 있습니다. 그러나 이러한 기술이 편향되거나 악용될 경우 사회적 불평등과 범죄로 이어질 수 있으며, 때로는 돌이킬 수 없는 결과를 초래할 수도 있습니다.

이러한 인공지능의 위험성을 방지하기 위한 법제화가 이어지고 있는데, 앞서 언급한 대한민국의 인공지능기본법, OECD의 인공지능 권고안, EU의 AI Act 등이 그 예입니다. 현재까지 이러한 법제들은 인공지능의 악용에 대한 구체적인 내용을 언급하기보다는, 인공지능으로 인해 발생할 수 있는 다양한 위험을 탐지하고 조정하는 내용에 주로 초점을 맞추고 있습니다. 이는 인공지능 기술이 사회에 미치는 영향을 최소화하고, 윤리적인 방향으로 발전할 수 있도록 하는 중요한 기초 작업이라고 할 수 있습니다.

1. 인공지능 윤리적 문제 사례

인공지능은 현재 다양한 윤리적 문제에 직면해 있으며, 대표적으로 네 가지 문제가 있습니다.

첫째, 편향 문제입니다. 인공지능이 학습한 데이터가 특정 인종, 성별, 계층에 대한, 사회적으로 내재된 편견과 혐오 등에 오염된 경우, 결과물도 편향되게 마련입니다. 예를 들어, 일부 기업의 AI 채용 프로그램이 특정 성별이나 연령층을 차별하는 사례가 있었고, 얼굴 인식 AI가 특정 인종을 인식하지 못하는 경우도 발생했습니다. 이러한 편향 문제는 특히 정치적으로도 가짜 뉴스 등 큰 우려를 불러일으키며, 인공지능 개발사들이 집중적으로 해결하고자 하는 문제입니다.

둘째, 개인정보 보호 문제입니다. AI가 대량의 데이터를 수집·활용하는 과정에서 이름, 얼굴, 주소, 전화번호와 통화기록, 이메일 등의 민감한 정보를 무작위로 학습하는 사례가 이에 해당합니다. 최근 중국의 인공지능 연구기업이 만든 AI 프로그램 딥시크가 무단 정보 수집 문제로 인해 미국과 한국의 공공기관에서 사용이 제한된 바 있습니다.

셋째, 인공지능 악용 사례입니다. 이는 인공지능 자체의 문제가 아니라 사용자의 의도적인 악용이 문제가 되는 경우입니다. 대표적인 사례로는 딥러닝을 이용한 인간 이미지 합성 기술인 딥페이크가 있습니다. 딥페이크는 성범죄 외에도 정치 분야에서 허위 사진이나 영상을 만드는 데 사용될 수 있어 우려가 커지고 있습니다. 또한, 인공지능에게 의도적으로 증오 발언이나 가짜 뉴스를 학습시켜 사용자에게 악영향을 끼치려는 사례들도 있었으므로 유의하고 이에 대한 대안적인 입법을 해야 합니다.

넷째, 종합적인 책임성 문제가 있습니다. 인공지능이 잘못된 결정을 내렸을 때, 그 책임이 누구에게 있는지에 대한 윤리적 문제가 그것입니다. 자율주행차 사고나 의료 사고와 같은 인명사고가 발생했을 때, 책임이 개발자, 사용자 또는 인공지능 프로그램 자체 중 누구에게 있는지 모호한 상황이 발생합니다. 이 문제는 아직 충분한 법제화가 되지 않은 영역이어서, 정치인들이 해결해야 할 시급한 과제로 제기되고 있습니다. 책임성 문제는 인공지능이라는 도구 자체가 가진 철학적 문제이기도 해서 규정이 더욱 어려운 문제이기도 합니다.

2. 인공지능 윤리를 위한 정책

AI 윤리를 정립하고 실현하기 위해서는 개발자와 사용자 모두의 노력이 필요합니다. 이를 위해 필요한 몇 가지 정책적인 노력의 방향을 제안하겠습니다.

첫째, 법제 정비입니다. 현재의 인공지능기본법 외에 개인정보보호법, 형법, 저작권법 등 다양한 법률과 연계한 제도 보완이 필요합니다. 인공지능 개발 및 운영에 있어 공정성과 투명성 확보, 인공지능 학습 데이터의 편향성 제거, 개발 알고리즘과 의사결정 과정 공개 등이 포함되어야 합니다. 그 밖에 개인정보 활용 시 능동적 동의, 수집 및 활용하는 데이터의 범위 제한, 익명화도 반영되도록 해야 합니다.

둘째, 딥페이크나 가짜 뉴스와 같은 비윤리적인 인공지능 사용을 방지하기 위한 규제를 마련하고, 사기 및 범죄 행위를 예방하는 감시 체계를 구축해야 합니다. 이를 위해 인공지능 윤리 가이드라인을 만들고, 피해 구제 제도를 마련하는 정책적 노력이 필요합니다. 인공지능 윤리를 위반하는 범죄나 불공정 행위는 지역사회에서도 쉽게 발생할 수 있으며, 그 영향이 클 수 있기 때문에 지방자치단체에서도 이를 윤리적으로 관리할 수 있는 정책적 준비가 필요합니다.

셋째, 인공지능 기술은 윤리적 책임과 함께 발전해야 합니다. 인공지능 산업이 큰 주목을 받고 있는 가운데, 산업과 기술의 진흥을 위한 정책적 지원이 이루어지고 있지만, 윤리적인 문제에 대한 준비도 소홀히 해서는 안 됩니다. 올바른 정책과 적절한 법적 규제를 통해 인공지능이 신뢰받는 기술로 자리 잡을 수 있도록 노력해야 합니다.

AI는 단순한 기술 혁신을 넘어, 행정과 정책의 새로운 패러다임을 만들고 있습니다. 지방의회에서도 AI를 적극적으로 활용하면 더 효율적이고, 더 공정하며, 더 스마트한 의정활동이 가능해질 것입니다.

그러나 중요한 것은 AI가 도구임을 명확히 인지하고, 그렇게 기능하도록 인간적인 노력과 시스템(제도)을 구축하는 일이며 특히 이러한 정책을 개발하고 결정하는 의원들의 책임과 역할은 막중하다 할 것입니다.

AI는 잘 관리하고 활용하면 여러분의 업무를 보조하며 더 많은 시간과 에너지를 창의적이고 중요한 문제 해결에 집중할 수 있도록 돕는 스마트한 보좌관이 되어 줄 것입니다. "AI를 어떻게 잘 활용할 것인가"가 의정활동과 정치인생의 성패를 좌우하는 핵심 관건이 되는 시대, AI 보좌관 시대가 도래하였습니다.

내 손안의 AI 보좌관
지방의회 의원을 위한 AI 활용 가이드북

등록 1994.7.1 제1-1071
1쇄 발행 2025년 7월 10일

지은이_ 장상화, 김의겸
펴낸이_ 박길수
편집장_ 소경희
편　집_ 조영준
관　리_ 위현정
디자인_ 윤태원
펴낸곳_ 도서출판 모시는사람들
　　　　03147 서울특별시 종로구 삼일대로 457 (경운동 수운회관) 1306호
　　　　전화_ 02-735-7173 / **팩스**_ 02-730-7173
홈페이지_ http://www.mosinsaram.com/

인　쇄_ 피오디북(031-955-8100)
배　본_ 문화유통북스(031-937-6100)

값은 뒤표지에 있습니다.
ISBN_ 979-11-6629-237-8 (13000)

* 잘못된 책은 바꿔드립니다.
* 이 책의 전부 또는 일부 내용을 재사용하려면 사전에 저작권자와 도서출판 모시는사람들의 동의를 받아야 합니다.